DÉPARTEMENT DE LA HAUTE-LOIRE

USAGES

LOCAUX

LE PUY

Typographie **MARCHESSOU**, imprimeur de la Préfecture

Boulevard Saint-Laurent, n° 23.

1865

Monsieur le Juge de Paix,

J'ai l'honneur de vous adresser le travail préparatoire que j'ai rédigé sur les usages locaux de la Haute-Loire.

J'en ai puisé les éléments dans les renseignements que vous avez bien voulu me fournir en marge du questionnaire qui vous a été soumis, et j'ai fait tous mes efforts pour résumer vos réponses aussi bien qu'il m'a été possible ; mais comme les demandes qui vous avaient été faites étaient très-laconiques et difficiles à saisir, il est possible que j'aie commis des erreurs.

Je viens donc vous prier de prendre une connaissance entière et sérieuse de ce travail préparatoire, et d'être assez bon pour me dire, par une indication en marge de chaque article, si j'ai bien rendu votre pensée et si l'usage est bien tel que je l'ai relevé.

Si vous voyez que votre canton ne figure pas dans telle ou telle partie, ou que l'usage en ce qui le concerne ne soit pas suffisamment précisé, je vous serais très-obligé de combler cette lacune en marge de chaque alinéa et d'adopter une rédaction telle que je n'aie qu'à la copier, comme si vous corrigiez vous-même les épreuves.

Pour qu'un travail sur les usages locaux soit utile, il importe avant tout qu'il soit l'expression de la vérité; il est donc indispensable qu'il soit sanctionné par le juge de paix de chaque canton, que sa position met plus à même que tout autre de connaître ces usages; aussi permettez-moi de faire appel à votre expérience et à vos lumières, d'une manière toute spéciale, pour atteindre ce résultat.

En me plaçant au point de vue des améliorations qu'un nouveau Code rural peut être appelé à réaliser, j'ai cru devoir relever certains faits statistiques et effleurer quelques questions qui s'y rattachent; je les soumets à votre appréciation, en vous priant d'y faire toutes les observations critiques que vous croirez propres à m'éclairer.

Dans le cas où votre pratique personnelle vous aurait fait sentir le besoin d'une réglementation sur certains points se rattachant au Code rural, je recevrais avec bonheur les idées que vous pourriez me soumettre et la commission serait heureuse de leur donner place dans le travail définitif.

Vous trouverez aussi quelques demandes nouvelles auxquelles je vous prie de répondre avec le plus de soin et de détail possible. Soyez assez bon, Monsieur le Juge de paix, pour me renvoyer travail ci-joint avec vos observations, dès que vous l'aurez complété. Je pense que vingt jours peuvent vous suffire pour cela. Vous me l'adresserez sous le couvert de M. le Procureur impérial, près la Cour d'Assises de la Haute-Loire, avec lequel vous avez franchise par lettres closes.

Recevez, Monsieur le Juge de paix, l'assurance de ma considération très-distinguée.

Le Président de la commission,

OBSERVATIONS GÉNÉRALES

La pensée de recueillir les usages locaux remonte à une époque très-reculée de notre histoire nationale ; nous la voyons apparaître dans les *Capitulaires* de Charlemagne , et elle se manifeste surtout avec force au moyen-âge.

Deux siècles avant l'ordonnance de 1453, saint Louis prescrivit a rédaction des usages et coutumes de la France.

Un mandement adressé par lui à ses baillis, leur ordonna de faire une enquête sur les diverses coutumes de leurs ressorts, auprès d'hommes *sages* et *assermentés*, et d'envoyer le tout au Parlement.

L'enquête se fit sur plusieurs points du royaume et c'est d'elle que sont sortis, en 1270, dans la dernière année du règne du saint roi, les *Etablissements*.

Mais la réunion des usages français était bien imparfaite , et la rédaction des coutumes prescrite par Charles VII, en 1453, tout en rendant de grands services au pays, laissait encore de grandes lacunes à remplir.

Près de quatre siècles s'écoulèrent au milieu des difficultés juridiques inextricables, soulevées par les contradictions des coutumes et les principes du droit écrit. — Les procès s'éternisaient et leur marche était si coûteuse, qu'elle motivait ce tableau symbolique placé dans la grand'chambre du parlement de Toulouse, où l'on voyait le plaideur heureux en chemise, et, celui qui avait perdu son procès, dans un état de nudité complète.

L'unité nationale, l'égalité civile, proclamées par la Révolution française, devaient nécessairement promener leur niveau sur les anciennes institutions juridiques de la France. Nos codes actuels furent rédigés et il entrait certainement dans la pensée de ceux qui se sont immortalisés par ces travaux , de compléter nos lois civiles par une législation rurale ; mais la diffusion des éléments qui devaient y être fondus, les difficultés de les ramener à une application générale , ont retardé l'exécution d'une œuvre aussi difficile qu'elle est désirée, et nous sommes encore appelés aujourd'hui à y apporter notre faible part de recherches et d'observations.

Il ne pouvait pas entrer dans notre intention de toucher à toutes les matières qui devraient être l'objet d'une révision et modification plus en harmonie avec les besoins et les habitudes de notre époque. Nous avons dû nous borner à constater les faits principaux qui sont d'une application journalière, à faire quelques observations de détail , à manifester notre opinion sur des améliorations que nous croyons désirables, et si nous avons effleuré d'une manière très-superficielle quelques points de notre législation qui ne sont pas encore réglémentés, le désir de nous rendre utiles nous fera sans doute pardonner ce que nos études peuvent avoir d'incomplet.

DE L'USUFRUIT SUR LES BOIS

Bois taillis. — Futaies. — Pépinières. — Echalas. — Arbres fruitiers. — Produits annuels ou périodiques.

Le législateur s'est préoccupé, d'une manière spéciale, de l'exercice de l'usufruit sur les bois et sur les arbres de toute nature ;

il a voulu non-seulement que l'usufruitier jouît en bon père de famille, mais qu'il respectât avant tout l'usage ancien du propriétaire, et, se laissant guider par ce principe, il en a déduit les règles suivantes :

Dans la coupe du *bois taillis*, l'usufruitier doit observer l'ordre et la quotité établis par l'aménagement et l'usage constant des propriétaires.

Il suivra le même usage quant aux parties de bois de *haute-futaie* mis en coupe réglée.

Il se conformera aux usages des lieux pour le remplacement des arbres tirés d'une *pépinière*.

Il prendra dans les bois, si c'est l'usage, des *échalas* pour les vignes.

Les arbres fruitiers et tous ceux qui sont utiles par leurs branches, lui offriront leurs *produits annuels ou périodiques*.

Il devient donc nécessaire de préciser, autant que possible, au point de vue de l'exercice de l'usufruit, quel est l'usage le plus généralement suivi par les propriétaires, pour chacun des objets dont nous venons de parler ; ces données pourront aussi être utiles à consulter dans les différends qui surviennent entre les propriétaires et les fermiers.

Bois taillis

La majeure partie du bois taillis de la Haute-Loire, consiste en taillis de pin, en taillis de chêne, mais en moins grande quantité ; enfin, dans certaines parties rocheuses, et presque toujours très-abritées, on trouve quelques taillis de bouleaux, de trembles, de noisetiers, de mérisiers et d'osiers.

Un bois de pin, nouvellement créé par transplantation, ne peut être converti en taillis avant la douzième année, s'il a été garanti des bestiaux ; avant la quinzième, s'il a été livré au pacage ; un bois de pin, créé par semis faits en place, peut être converti en taillis dès la huitième année. Un bois de chêne, semé en place, peut être mis en taillis dès la douzième année ; il ne peut l'être que vers la quinzième année, s'il a été transplanté.

On peut faire un taillis de trembles, bouleaux, noisetiers et mérisiers dès la huitième année de la création du bois.

L'usage le plus généralement suivi pour l'aménagement des taillis de pin, est de les couper tous les quatre ou cinq ans ; c'est ainsi qu'on opère tous les quatre ans dans les cantons de *Loudes*, les deux cantons du *Puy, Monistrol, Solignac* ; tous les cinq ans dans ceux de *Cayres*, du *Monastier* ; tous les cinq ou six ans à *Saint-Julien-Chapteuil, Saint-Paulien*; l'opération s'appelle, dans le langage local, *faire de la garne* ; il est exceptionnel et d'une mauvaise exploitation de laisser des baliveaux dans les taillis de pin ; cet usage existe cependant dans les cantons de *Saint-Paulien*, de *Vorey* et du *Puy*.

Les taillis de chêne se coupent, en général, tous les dix ou douze ans, plus tôt ou plus tard, suivant que le sol est plus ou moins fertile ; c'est ce qui se pratique dans les cantons d'*Auzon*, de *Brioude*, de *Langeac*, de *Lavoûte*, de *Paulhaguet*, de *Pinols*, tous les quinze ou seize ans dans celui de *Saint-Paulien*, il est d'usage de laisser des baliveaux dans les taillis de chêne.

Les taillis de trembles, bouleaux, noisetiers, mérisiers, se coupent tous les cinq ans.

Les taillis sont coupés par superficie et non en jardinant.

Il n'est pas d'usage de couper dans les taillis, avant l'époque de l'aménagement, les menues branches des principaux brins, ni les brins traînants.

Les taillis doivent être coupés en morte-saison et non en temps de séve, les pins le sont de préférence depuis la fin de février jusqu'à la fin de mars.

Les chênes, trembles, bouleaux, noisetiers, mérisiers, sont coupés à fleur de terre ; les pins le sont au moins à 50 centimètres de terre pour la première coupe, et à une hauteur plus élevée qui est déterminée par la forme des branches, et par leur végétation pour les coupes ultérieures.

Un fait spécial aux taillis de pin, c'est qu'il est d'une bonne administration d'arracher les souches qui, à raison de leur âge ou de la rupture de l'équilibre qui doit exister entre les branches feuillues et le gros bois, ne donnent pas de jets verticaux, afin de laisser pousser les jeunes pins, qui naissent presque toujours sur la terre remuée autour de l'arrachis, et qui ne demandent que du jour pour prendre leur essor. Indépendamment du produit du taillis lui-même, l'usufruitier profite de ces souches, mais il doit se livrer à cette opération avec intelligence et réserve.

Les branches des taillis sont réduites en fagots, en général, dans la huitaine de la coupe, les bûchers sont formés sur place, il n'existe pas d'usage relatif à leur enlèvement.

Il n'y a aucune espèce de bois dans le canton de *Fay-le-Froid*.

Il n'existe pas de taillis dans les cantons d'*Allègre*, de *la Chaise-Dieu*, de *Craponne*, de *Montfaucon*, de *Pradelles*, de *Saugues*, de *Tence*, d'*Yssingeaux*.

Dans le cas où un usufruit s'ouvre sur un bois qui n'a jamais été coupé et en l'absence de toute intention manifeste du propriétaire, on doit en général présumer qu'il a voulu créer un taillis, parce que les futaies sont des bois de réserve, hors de la règle commune ; cette présomption est corroborée par l'usage, et l'usufruitier pourra convertir un jeune bois en taillis, en se conformant aux époques que nous avons indiquées plus haut, dans les cantons de *Cayres*, *Loudes*, *le Monastier*, *les deux cantons du Puy*, *Saint-Julien-Chapteuil*, *Solignac*. Mais il en serait différemment dans les cantons d'*Allègre*, *la Chaise-Dieu*, *Craponne*, *Montfaucon*, *Pradelles*, *Saugues*, *Tence* et *Yssingeaux*, où les jeunes bois sont en général destinés à faire des futaies.

Dans les cantons d'*Allègre*, *Cayres*, *Craponne*, *la Chaise-Dieu*, *Monistrol*, les propriétaires suppléent au taillis, en rasant complètement et en détruisant par là même les semis naturels de pin que la nature produit en abondance ; l'usufruitier d'un domaine où cet usage existerait d'une manière régulière et périodique, aurait le droit de couper, régulièrement, des semis naturels de jeunes pins, sur une étendue proportionnée à l'exploitation.

L'usage n'autorise pas le pâturage dans les bois taillis, et quoique certains propriétaires y laissent pacager leurs animaux, nous ne pensons pas que l'usufruitier puisse le faire ; ce serait nuire à la bonne venue et au renouvellement du bois.

Futaies

Les bois de haute futaie ne sont pas rangés dans la classe des fruits dont jouit un usufruitier ; ils ne sont considérés comme tels que lorsqu'ils ont été mis en coupe réglée.

Le droit de l'usufruitier, sur les arbres de haute futaie, est un droit exceptionnel, qui n'existe que lorsqu'il est constaté par un usage formel des propriétaires.

La règle principale qui régit la matière dans la Haute-Loire, c'est que la valeur totale des futaies existantes au moment de l'ouverture de l'usufruit, forme un capital qui doit être conservé, et que l'usufruitier ne peut profiter que de l'augmentation que reçoit cette valeur, par l'effet de la croissance des réserves.

Au surplus, cette règle n'a son application que dans quelques parties très-peu importantes du département, où il existe des futaies en coupes réglées ; la majeure partie s'exploite en jardinant et l'usufruitier ne peut y toucher.

La plupart des futaies sont en essence pins et sapins, quelques-unes chênes et hêtres.

Mais si l'usufruitier ne peut abattre des futaies, il est cependant un genre de produit auquel il a droit dans les jeunes futaies de pins et de sapins.

On est dans l'usage de faire subir à ces futaies un élagage tous les huit ou dix ans jusqu'à l'âge de vingt ans, tous les douze ou quinze ans jusqu'à l'âge de cinquante à soixante ans ; cet élagage a lieu sur les brins les moins beaux ou trop serrés ; de plus, dans les futaies de pins, le propriétaire est dans l'usage de couper à 8 ou 10 centimètres du tronc les branches inférieures, de manière à faciliter la montée des pieds conservés ; c'est ainsi que se développent les futaies de pins dans les cantons d'*Allègre*, *de Cayres, Craponne, la Chaise-Dieu, Monistrol, Saint-Julien, Saint-Paulien, Solignac, Tence, Yssingeaux.* L'usufruitier a le droit de procéder à ces opérations et de profiter de leur produit ; mais ce n'est pas, à vrai dire, un usufruit sur la futaie qu'il doit complètement respecter.

Pépinières

Il existe fort peu de pépinières dans le département, et l'usufruitier n'est soumis par l'usage à aucun mode spécial de remplacement pour les sujets qu'il en tire ; il doit dès lors se conformer aux règles ordinaires et remplacer, par de nouveaux plants, les sujets qu'il a enlevés ; cette règle s'applique aussi bien à l'usufruitier d'une pépinière, qui est destinée à l'industrie du pépiniériste, qu'à celle qui est plus spécialement créée pour l'entretien d'une propriété. S'il en était autrement, on reconnaîtrait que l'usufruitier peut changer la substance de la chose soumise à son usufruit, ce qui lui est formellement interdit par les principes généraux en matière d'usufruit.

Echalas pour la vigne

Il n'y a pas de vigne dans les cantons d'*Allègre, Cayres, Craponne, la Chaise-Dieu, Fay-le-Froid, Loudes, le Monastier, Montfaucon, Pradelles, Saugues, Saint-Julien-Chapteuil, Tence* et *Yssingeaux.*

On en rencontre quelques-unes dans les cantons de *Blesle*, de *Pinols* et dans une commune de chacun des cantons de *Solignac* et de *Saint-Paulien*.

Il en existe un assez grand nombre dans les cantons d'*Auzon*, *Bas*, *Monistrol*, *Saint-Didier*, *Vorey*; elles jouent un rôle beaucoup plus important dans les deux cantons du *Puy*, à *Langeac*, à *Paulhaguet*, à *Lavoûte* et surtout à *Brioude*.

L'usufruitier emploie en général, à échalasser les vignes, les bois dont il a la jouissance ; mais nulle part il n'est d'usage qu'il puisse couper des échalas dans les bois du nu-propriétaire, par cela seul qu'il est usufruitier d'une vigne, ni qu'il puisse couper des échalas dans les bois soumis à son usufruit, à d'autres époques que celles fixées par l'aménagement.

Produits annuels et périodiques

L'usufruitier peut prendre sur les arbres les produits annuels et périodiques, en se conformant à l'usage du pays ou à la coutume du propriétaire.

Produits annuels. — Les produits annuels, dans la Haute-Loire, consistent, pour les arbres fruitiers, dans les fruits ; dans les branches mortes, cassées ou nuisibles ; les bois qui proviennent du nettoyage ou de la taille ; les sarments produits par la taille ou l'ébourgeonnement de la vigne; les arbres morts, déracinés ou détruits par les vents ou la neige, lorsque le nombre n'excède pas celui d'une année ordinaire ; car nous n'hésitons pas à dire que les arbres abattus par les vents ou les neiges, par suite d'intempéries exceptionnelles, sont un capital, que l'usufruitier ne peut s'approprier et qu'il n'a que le droit d'en percevoir l'intérêt. Pour les arbres forestiers, ce sont également les arbres morts, déracinés ou détruits par les vents ou autres forces majeures ; les branches mortes ou cassées, pourvu que le sol forestier ne soit pas exceptionnellement atteint, cas auquel ces produits doivent aussi être capitalisés ; aucune coutume spéciale ne modifie sur ces points les droits de l'usufruit ou les obligations que la loi lui impose.

Mais nous devons mentionner d'une manière particulière l'usage qui existe dans quelques cantons de la Haute-Loire, de dépouiller chaque année les arbres forestiers, et surtout les frênes de leurs feuilles, pour les donner à manger aux bestiaux.

Cette opération se fait à la fin de l'automne; bien qu'elle soit nuisible aux arbres sur lesquels elle est pratiquée, puisqu'elle a pour conséquence presque inévitable de mutiler tous les ans une partie de leurs rameaux les plus tendres ; dans les lieux où cet usage est général et d'une pratique constante par les propriétaire, son exercice rentre dans les droits de l'usufruitier, pourvu qu'il ait lieu aux époques et sur les essences usitées.

Produits périodiques. — Les produits périodiques des arbres, autres que ceux qui forment les bois taillis ou les futaies, consistent uniquement dans les branches provenant de l'émondage des arbres forestiers de haut jet ou convertis en têtards, végétant isolément en lignes ou en massif, lorsqu'ils sont soumis à une coupe régulière.

Ces arbres sont : le saule, le peuplier, l'ormeau, le frêne, le chêne, le hêtre, le bouleau, le tremble, l'aulne, l'érable.

Ils sont émondés tous les trois ans dans les cantons de *Cayres*, *Pradelles*, *Saugues ;* tous les quatre ou cinq ans dans les cantons du *Puy*, du *Monastier*, de *Solignac*.

Dans certains cantons, tels que ceux de ***, la coupe des branches se fait à la fin de l'automne, pour utiliser la feuille, qui sert de nourriture aux moutons.

Dans d'autres, tels que ceux de ***, elle a lieu en février ou en mars, et les branches sont réunies en fagots à brûler ; cette dernière opération s'appelle, dans l'idiome du pays, *faire la brousse.*

Il est d'un usage général dans la Haute-Loire, lors de l'émondage des saules et des peupliers, de faire un triage des branches les mieux venues et les plus fortes pour en faire des plançons sur la lisière de la propriété elle-même, et nous considérerons comme une charge de l'usufruit l'obligation de tenir constamment garnies et plantées les, lisières que l'usufruitier a trouvées telles ; d'utiliser, à chaque émondage, les plus grosses branches pour en faire des plançons, et, s'il n'y en a pas d'assez fortes, d'en réserver quelques-unes sur chaque pied pour l'émondage suivant.

EAUX

Pour résoudre les nombreuses difficultés que soulève l'usage des eaux courantes entre les propriétaires riverains, la loi prescrit aux tribunaux, de concilier l'intérêt de l'agriculture avec le respect dû à la propriété ; elle les oblige, dans tous les cas, à se conformer aux règlements particuliers et locaux sur le cours et l'usage de ces eaux.

Nous n'avons donc qu'à rechercher s'il existe dans le département des règlements particuliers qui déterminent, d'une manière précise, quels sont les droits des riverains.

Le résultat de nos investigations, sur ce point, nous a amené à constater qu'il n'y a, à proprement parler, aucun règlement particulier qui détermine la jouissance des cours d'eau dans la Haute-Loire ; mais il est bon de recueillir certains usages qui serviront à éclairer ceux qui auront à apprécier les questions délicates qui se présentent si souvent en cette matière.

Au Monastier, il est d'usage que les usines chôment du samedi soir au lundi matin et que les eaux soient pendant cet intervalle exclusivement employées à arroser les prairies.

Dans le canton de *Solignac*, du 25 mars au 8 septembre, les moulins ont droit aux eaux pendant le jour et les prairies pendant la nuit ; pour le reste de l'année, elles sont exclusivement affectées au service des moulins, à l'exception des dimanches et jours de fêtes religieuses, même de celles qui ne sont plus chômées aujourd'hui.

Il est encore d'usage dans le canton de *Solignac*, dans celui de *Loudes* et de *Pradelles*, si les eaux ont gelé pendant qu'un propriétaire arrosait sa prairie, que celui qui a droit aux eaux après lui, ne peut s'en servir et les lui enlever qu'après qu'elles ont dégelé.

Les eaux courantes, dans le canton de *Loudes*, sont généralement attribuées, pendant le jour, aux propriétaires des moulins, pendant la nuit, aux propriétaires des prairies.

A Craponne et à Paulhaguet, les moulins peuvent absorber toutes les eaux en temps de sécheresse.

Le même usage existe à *Tence*, mais les usiniers sont obligés de payer une indemnité aux propriétaires des prairies.

Nous avons dû nous abstenir de relever dans ce travail, les actes nombreux et divers qui fixent l'usage des eaux courantes, soit en vertu de la destination du père de famille, soit à la suite de conventions volontaires ou de décisions judiciaires; ce ne sont pas là des règlements particuliers qui puissent être appliqués à ceux qu'ils ne concernent pas et lier la décision du juge; tout au plus, peut-on s'en servir pour y puiser des analogies et y trouver des jalons.

Quoique nous n'ayons pas à nous occuper des eaux de source, puisque la loi ne renvoie pas à l'usage local en pareille matière, nous croyons cependant devoir relever un fait qui servira quelquefois, à lui seul, à résoudre les difficultés qui peuvent naître entre le propriétaire d'une source et ceux qui prétendent avoir prescrit le droit de s'en servir, au moyen de travaux exécutés sur les fonds où elle prend naissance.

Nous voulons parler de l'habitude générale où sont les propriétaires de la Haute-Loire, de rassainir leurs héritages en pratiquant dans le sol, des fossés qu'ils remplissent de pierres et qui sont presque toujours bâtis à leur extrémité, comme le seraient des aqueducs, que le propriétaire inférieur aurait construits dans son intérêt personnel.

Il n'arrive que trop souvent, que le propriétaire inférieur, qui a utilisé, pendant de longues années, les eaux dont son voisin a voulu se débarrasser, croit avoir le droit de se prévaloir de ces travaux d'assainissement et de les faire considérer comme des travaux, ayant le caractère agressif, nécessaire pour acquérir une servitude.

Sans rien préjuger sur un point aussi grave et aussi délicat, nous pensons, que l'habitude générale, que nous constatons, est, dans la plupart des cas, de nature à fonder la présomption, que les travaux que nous avons indiqués, ont été faits par le propriétaire du fonds supérieur et dans son intérêt.

Fossés

Nous ne parlerons des fossés que pour dire, que ce mode de clôture est à peu près inconnu dans la Haute-Loire et qu'il n'existe aucun usage destiné à constater s'ils sont ou non mitoyens; dans les cas exceptionnels qui pourraient se produire, on doit s'en référer uniquement aux prescriptions de la loi.

Curage des ruisseaux

Dans un mémoire présenté à la Société d'agriculture du Puy, le six janvier 1848, Monsieur Enjubault, aujourd'hui conseiller à la cour impériale de Riom, a fait ressortir avec beaucoup de force et d'autorité, le danger qui résulte pour la propriété publique et privée, de l'absence de toute réglementation applicable au curage des ruisseaux.

La loi du 14 floréal, an XI, avait fait pressentir que l'on -oɪpɐ terait des mesures de police pour protéger efficacement les propriétés riveraines des cours d'eaux et pour prévenir les calamités publiques qui résultent de leurs débordements; ces mesures ne sont pas encore prises et nous sommes toujours sous l'empire de la loi de l'an XI qui a provisoirement renvoyé aux anciens règlements et aux usages locaux.

Or, nous ne connaissons pas de règlements anciens applicables à la police des cours d'eaux de la Haute-Loire, et l'usage n'y a établi aucune règle pour protéger de si graves intérêts; non-seulement le lit d'un ruisseau n'y est jamais nettoyé; non-seulement on ne prend aucun moyen pour laisser aux eaux un libre cours, mais encore chaque riverain, jaloux d'accroître son héritage, de le protéger contre leur invasion, exécute à sa guise, le plus souvent sans contrôle, les travaux qui lui conviennent, et il n'a d'autre contradicteur que son voisin qui se hâte d'imiter son exemple.

Sans doute, l'administration peut exercer sur cette partie importante de la propriété publique, le droit de tutelle qui lui appartient sur tout ce qui concerne la sécurité générale des campagnes; mais qui ne comprend, que son œil vigilant ne peut voir, que ses agents ne peuvent atteindre les détails infinis de ces usurpations journalières, de ces empiétements incessants, de ces plantations continuelles qui rétrécissent le lit des ruisseaux, élèvent le niveau de leurs eaux et finissent par amener des désastres inévitables.

Nous appelons donc d'une manière toute spéciale, l'attention des rédacteurs du Code rural, sur les moyens pratiques qui pourraient être employés pour placer, près du lieu même où ils sont commis des agents chargés de constater des abus qui, de loin, sont insaisissables, et de les réprimer par une législation simple, expéditive et économique.

DISTANCE ET OUVRAGES INTERMÉDIAIRES

PRESCRITS POUR CERTAINES CONSTRUCTIONS

Le Code ne prescrit aucune règle sur les précautions qu'il convient de prendre quand on veut construire, auprès d'un mur commun ou du mur d'autrui, certains ouvrages, tels qu'un four, un puits, une fosse d'aisance, une cheminée, une étable, etc., dont l'établissement peut compromettre la sûreté ou la salubrité des constructions voisines.

Sur ce point, la loi actuelle s'en rapporte, d'une manière exclusive, aux règlements et aux usages particuliers de chaque pays, et elle maintient, par là même, les dispositions qu'ils ont plus ou moins empruntées aux anciennes coutumes.

Nous appelons de tous nos vœux une réglementation générale qui remplace ce que les habitudes anciennes ont d'incertain ou de vicieux.

Il serait important que, pour chaque espèce de construction insalubre ou dangereuse, la loi prescrivît des mesures, à l'aide desquelles la propriété du voisin fût sagement protégée; les règles de l'art sont assez sûres aujourd'hui pour qu'il soit temps de les substituer aux précautions inutiles ou à l'incurie que l'usage consacre encore tous les jours.

Et si l'on craint de froisser de vieux souvenirs ou de rendre certaines prescriptions trop onéreuses, parce que telle mesure, facile à prendre dans une région de la France, serait, ailleurs, d'une application coûteuse ou difficile; tout au moins est-il indispensable que la loi, en renvoyant aux usages constants, indique les règles positives que l'on devra observer quand les règlements et les usages locaux sont muets.

On pourrait aussi, en réglementant cette matière, faire cesser l'incertitude que présente la loi de 1838, sur le point de savoir si les juges de paix peuvent connaître non-seulement des actions qui tendent à faire appliquer aux constructions et travaux mentionnés en l'art. 674, les prescriptions des usages ou des règlements locaux; mais encore de celles qui sont la conséquence de ces travaux ou de ces constructions, et, par exemple, des demandes en indemnité du préjudice qui peut en résulter alors même qu'ils ont été faits conformément à ces usages ou à ces règlements.

En leur attribuant d'une manière précise la connaissance de ces dernières actions, on ne ferait, selon nous, que confirmer une compétence qu'ils ont déjà.

En attendant le bienfait d'une disposition législative, qui fixe les incertitudes et opère dans cette partie des rapports entre voisins, la fusion qui s'est faite dans les mœurs, nous avons dû relever, d'une manière aussi exacte que possible, les usages nombreux et variés qui ont force de loi, dans la Haute-Loire, et nous allons les préciser pour chaque espèce de construction.

Fours

Dans presque tous les cantons de la Haute-Loire, il n'est permis de construire un four contre un mur mitoyen ou non, qu'en établissant un contre-mur, dont l'épaisseur varie de 22 à 35 centimètres, suivant la nature des matériaux; cette épaisseur est, à Langeac, de 22 centimètres; à Allègre, de 28; à Loudes, de 30; à Cayres, la Chaise-Dieu, le Monastier, Solignac, le Puy, de 33 centimètres; à Saint-Paulien, le contre-mur doit avoir la même épaisseur que le mur divisoire.

Dans les cantons d'Auzon, de Bas, de Craponne, on observe la coutume de Paris, qui veut que celui qui construit un four, laisse un demi-pied de vide entre le mur du four et celui du voisin, et que le mur du four ait au moins un pied d'épaisseur.

Allègre, Loudes, Paulhaguet participent de cette coutume, avec cette modification que le vide obligatoire, qu'on désigne par le nom de *tour du chat*, ne doit avoir, à Loudes, que 16 centimètres; à Paulhaguet, que 17; à Allègre, que 20 centimètres.

Dans le canton de Fay, un four ne peut être construit qu'à 17 centimètres du mur du voisin, mitoyen ou non; mais la cheminée peut en être appliquée immédiatement contre ce mur.

A Saint-Didier et à Monistrol, le constructeur du four n'est soumis à aucune condition pour l'épaisseur du mur; il suffit qu'il construise à 30 centimètres du mur divisoire.

Puits.

La distance à observer et les précautions à prendre pour établir un puits près de l'héritage du voisin, varient considérablement dans le département; ainsi, tandis qu'à Monistrol, l'usage ne prescrit aucune distance ni aucun mode de construction spéciale pour ce genre de construction ; tandis qu'à Langeac, il suffit que celui qui creuse un puits, le construise assez solidement, pour retenir le terrain et pour ne pas permettre aux eaux de s'infiltrer; dans d'autres cantons, l'usage a posé des règles de solidité et des garanties auxquelles tout constructeur est tenu de se conformer.

Ainsi, à *Saint-Didier* et à la *Chaise-Dieu*, il est interdit de bâtir un puits à moins d'un mètre de distance de la propriété voisine.

Dans de nombreux cantons, on exige un contre-mur dont l'épaisseur varie : elle est de 33 centimètres à *Auzon*, à *Bas*, à *Cayres*, à *Craponne*, à *Loudes*, au *Monastier*, au *Puy*, à *Paulhaguet*, à *Solignc*, et de 35 centimètres à *Allègre*, à *Saint-Paulien*, le contre-mur doit avoir la même épaisseur que le mur divisoire.

A Auzon et à *Craponne*, celui qui veut construire un puits près d'un mur contre lequel le voisin a lui-même un puits ou une fosse d'aisances, doit faire bâtir une maçonnerie de 4 pieds d'épaisseur, entre le puits et la fosse d'aisances, et de 3 pieds seulement entre les deux puits.

Le canton de *Fay* est tellement riche en fontaines qu'il ne s'y rencontre aucun puits.

Fosses d'aisances

L'usage le plus généralement répandu, touchant les mesures de précaution qu'est tenu de prendre un propriétaire qui veut construire une fosse d'aisances, est de bâtir un contre-mur entre les parois de la fosse et la propriété voisine.

L'épaisseur de ce contre-mur varie suivant les cantons.

Elle doit être de 33 centimètres à *Auzon*, *Bas*, *Cayres*, *Craponne*, la *Chaise-Dieu*, le *Monastier*, *Monistrol*, le *Puy*, *Paulhaguet* e *Solignac*; elle n'est que de 22 centimètres à *Langeac*, tandis qu'à *Allègre* on en exige 35; dans le canton de *Saint-Paulien*, elle doit être égale à celle du mur divisoire.

Dans le canton de *Saint-Didier*, on ne peut établir une fosse d'aisances à moins de 50 centimètres d'un mur divisoire, et ce mur doit être parfaitement recrépi.

Constatons comme un fait qui prouve jusqu'à quel point certaines populations de notre département sont encore éloignées du bien-être et de la propreté ; que s'il n'existe aucun usage en ce point, dans le canton de *Fay*, cela tient à ce que les fosses d'aisances y sont complétement inconnues.

Cheminées

L'usage prescrit généralement pour ce genre de construction joignant un mur mitoyen, l'établissement d'un contre-mur dont l'épaisseur ne peut pas être moindre que celles qui sont indiquées ci-après :

De 33 centimètres dans les cantons de *Cayres*, la *Chaise-Dieu*, le *Monastier*, le *Puy* et *Solignac*; de 17 centimètres à *Paulhaguet*, de 22 à *Langeac*; de 28 à *Allègre*.

Cette épaisseur doit égaler celle du mur mitoyen dans le canton de *Saint-Paulien*.

Dans ceux de *Monistrol* et de *Saint-Didier*, il n'est pas d'usage d'exiger de contre-mur; il suffit de recrépir le mur jusqu'à une hauteur de 2 mètres.

La coutume de Paris est exactement suivie dans les cantons d'*Auzon* et de *Craponne* : l'usage prescrit un contre-mur d'un demi-pied d'épaisseur.

Dans le canton de *Fay*, l'usage n'oblige à aucune précaution, et c'est avec la plus grande imprudence que les cheminées sont construites contre le mur mitoyen.

Forges

Il en est des forges comme des cheminées, dans la plupart des cantons de la Haute-Loire ; celui qui veut bâtir une forge près d'un mur mitoyen, est tenu d'élever un contre-mur dont l'épaisseur, dans les cantons d'*Allègre*, de *Cayres*, *la Chaise-Dieu*, *Langeac*, *le Monastier*, *Paulhaguet*, *le Puy* et *Solignac*, est la même que celle qui est exigée pour le contre-mur des cheminées.

Dans le canton de *Monistrol*, l'usage ne prescrit aucune précaution, tandis que dans celui de *Saint-Didier*, il est interdit de construire une forge à moins de 1 mètre de distance du mur mitoyen.

A *Craponne* et à *Auzon*, celui qui veut élever une forge est tenu de bâtir un mur d'un demi-pied d'épaisseur et de laisser un demi-pied de vide entre ce mur et celui du voisin, qu'il soit mitoyen ou non.

A *Fay*, l'usage prescrit de laisser un vide de 17 centimètres entre la forge et le mur mitoyen ; mais la cheminée peut en être appliquée immédiatement contre ce mur.

Étables

Dans les cantons d'*Auzon*, de *Craponne* et du *Puy*, il est interdit de construire une étable contre un mur mitoyen, sans faire un contre-mur de 8 pouces d'épaisseur, jusqu'à la hauteur de la mangeoire.

Aucune précaution n'est obligatoire dans les autres cantons.

Fumiers

D. Quelle est la précaution prescrite par l'usage pour adosser une fosse à fumier contre un mur mitoyen ?

HAUTEUR DES CLOTURES

Dans les villes et leurs faubourgs, chacun peut contraindre son voisin à contribuer à la construction et à la réparation de la clôture qui sépare les maisons, les cours et les jardins ; ce droit et cette obligation n'existent nulle part ailleurs.

Comme il n'est pas toujours facile d'apprécier si une agglomération d'habitants est une ville ; qu'il est souvent impossible de préciser où finit un faubourg, l'exécution de l'article 663 du Code Napoléon présente de nombreuses difficultés.

Il n'entre pas dans le cadre de ce travail, de rechercher quels sont les titres administratifs qu'invoquent diverses agglomérations d'habitants, dans la Haute-Loire, pour se décorer du titre de ville. Telle communauté, qui produit d'anciennes chartes, n'est plus aujourd'hui qu'un hameau ; et telle autre, hameau à son début, a pris de si grands développements qu'on peut la considérer comme une ville.

Il nous suffira de dire que les localités que nous allons énumérer prennent toutes cette qualification, bien que, pour quelques-unes, elle ne soit plus justifiée par leur importance.

Ce sont : *Allègre, Aurec, Bas, Brioude, la Chaise-Dieu, Craponne, Saint-Ferréol-d,Auroure, Saint-Just-Malmont, Langeac, le Monastier, le Puy, Monistrol, Montfaucon, Paulhaguet, Pradelles, Roche-en-Regnier, Saugues, Saint-Pal-en-Chalençon, Saint-Pal-de-Mons, Saint-Didier, Saint-Romain-Lachalm, Saint-Victor-Malescours, Tence et Yssingeaux.*

Il résulte des renseignements que nous avons pris que, dans tous ces lieux et leurs faubourgs, la clôture est forcée ; que, partout ailleurs, elle n'est pas obligatoire.

Il suffit de connaître la population et l'importance des chefs-lieux de communes de la Haute-Loire et de les comparer entre eux, pour être convaincu, que cette classification est arbitraire et purement fantaisiste ; qu'elle n'atteint pas le but que le législateur s'est proposé, en édictant l'article 663, de pourvoir à la sécurité des habitants des villes et d'y rendre l'exercice de la police plus facile.

Qu'importe, en effet, aujourd'hui, à celui qui habite un centre populeux, qu'il soit plus ou moins ancien et qu'on retrouve, ou non, dans de vieux parchemins, les titres constitutifs de son origine ou de sa municipalité ; ce qui l'intéresse, c'est qu'il puisse faire concourir son voisin à la clôture qui est destinée à protéger sa personne et ses biens, lorsqu'ils sont plus directement menacés par la réunion, sur un seul point, d'un grand nombre d'invidus.

Il serait donc essentiel, qu'une disposition législative vint combler la lacune qu'a laissé subsister la loi de l'an XI, et qu'en prenant pour base la population, elle indiquât d'une manière exacte et précise quelles sont les localités qui sont atteintes par la servitude légale dont nous nous occupons, et quel est le périmètre dans lequel sont englobés leurs faubourgs. Nous pensons, qu'au lieu de restreindre le nombre de ces localités, on devrait tendre à l'augmenter ; ce ne serait pas, selon nous, imposer une charge trop lourde à la propriété, si on la compare aux avantages nombreux dont jouissent aujourd'hui les plus petites communes.

Une loi, sur ce point, aurait encore pour résultat de faire cesser l'incertitude sur une question de compétence qui divise encore de bons esprits, celle de savoir : s'il appartient, ou non, aux tribunaux civils. lorsqu'ils sont saisis d'une question de clôture forcée, de décider qu'une localité est ou n'est pas une ville ; que telle ou telle partie constitue un faubourg,

L'article 663 s'en réfère aux règlements particuliers et aux usages constants et reconnus, pour déterminer la hauteur que doit avoir la clôture dans les lieux où elle est forcée, et ce n'est qu'en l'absence de ces règlements ou usages que la loi la détermine elle-même.

Les informations que nous avons prises sur ce point nous ont donné la certitude que, dans toutes les villes de la Haute-Loire, les habitants sont obligés de se conformer à la hauteur légale de deux mètres soixante centimètres, compris le chaperon ; et qu'il n'y a d'exception que pour *Montfaucon* et *Yssingeaux*, où l'usage l'a fixée à deux mètres seulement; pour *Brioude*, où elle est portée à deux mètres soixante-sept centimètres.

Qu'il nous soit permis d'ajouter, qu'il serait utile de faire disparaître de nos Codes la distinction établie par l'article 663 entre les villes où l'on suit d'anciens usages et celles où il n'en existe pas. Le législateur de 1804, en remaniant nos lois civiles, était placé dans d'autres conditions que nous, et si nous admirons la prudence avec laquelle il a voulu familiariser les populations avec les idées qui les séparaient des anciennes traditions, nous sommes convaincus que la fusion est complète aujourd'hui et qu'en fixant une hauteur uniforme, pour tous les centres de population où la clôture serait forcée, on leur rendrait service, en faisant disparaître une cause de procès.

DISTANCE

A OBSERVER POUR LES PLANTATIONS.

Les arbres qui couvrent le sol de la France sont d'espèces si variées, leur culture, leur taille sont si différentes et se modifient tellement dans les mêmes espèces, suivant le climat, la nature du terrain et les besoins des habitants; le dommage que leur croissance et leur développement peut causer aux héritages voisins, dépend de conditions si multiples, que le législateur ne pouvait mieux faire que de s'en référer aux règlements particuliers et aux usages constants et reconnus, pour la distance à laquelle ils peuvent être plantés, entre propriétés limitrophes.

En cette manière, l'usage est la règle générale, et ce n'est qu'en son absence et pour y suppléer que la loi décide, que les arbres à haute tige ne peuvent être plantés qu'à la distance de deux mètres de la ligne séparative de deux héritages et à celle d'un demi-mètre, pour les autres arbres et haies vives.

Précisons donc les usages qui ont force de loi :

Dans les cantons de *Fay*, du *Monastier*, de *Solignac*, il est permis de planter toute espèce d'arbres, à l'extrême limite de sa propriété, quelle que soit d'ailleurs la nature de celle du voisin, que le mur soit mitoyen ou non; cet usage constant, loin d'être de la licence ou du désordre contraire à l'intérêt de l'agriculture, paraît y consacrer une convention tacite entre les propriétaires pour utiliser, de la manière la plus avantageuse, les parties extrêmes de leurs héritages; les tribunaux s'y conforment.

Dans les cantons de *Cayres*, de *Saint-Julien-Chapteuil*, de *Loudes*, de *Vorey*, la même habitude existe; mais à l'état de simple tolérance et s'il survient, dans ces cantons, une contestation entre voisins, ils sont réciproquement tenus d'observer les distances indiquées par la loi, pour la plantation de toute espèce d'arbres.

Dans le canton de *Craponne*, on se conforme au Code Napoléon pour les arbres à haute tige; mais pour les arbres à basse tige, l'usage ne permet de les planter qu'à un mètre de la limite, à moins qu'ils ne soient placés près d'un mur, cas auquel ils peuvent être plantés contre ce mur, s'il est mitoyen et tout près du mur qu'il ne l'est pas.

A *Saint-Didier*, le noyer et le châtaignier ne peuvent être plantés qu'à trois mètres de la ligne séparative de deux héritages ; le prunier à un mètre , les autres arbres, à haute tige , à deux mètres.

D. Quid pour les arbres à basse tige ?

Dans le canton de *Montfaucon*, on observe la distance indiquée par la loi, pour toute espèce de plantations ; mais les arbres à basse tige peuvent être plantés contre le mur mitoyen et tout auprès, s'il ne l'est pas.

Dans celui de *Brioude*, on se conforme aussi à la distance légale, à moins qu'il n'existe un mur de clôture, et dans ce cas, il est permis de planter toute espèce d'arbres, sans observer aucune distance.

Enfin, dans les cantons d'*Allègre*, d'*Auzon*, de *Bas*, de *Blesle*, de *la Chaise-Dieu*, de *Langeac*, de *Lavoûte*, de *Monistrol*, du *Puy*, de *Paulhaguet*, de *Pradelles*, de *Saint-Paulien*, de *Saugues*, de *Tence* et d'*Yssingeaux*, on suit exclusivement les dispositions de la loi.

Ajoutons qu'en ce qui concerne les bois, l'usage constant et général dans tous les cantons, permet de planter jusqu'à l'extrême limite, lorsque la propriété voisine est également en nature de bois.

Il en est de même lorsque les plantations bordent les ruisseaux.

Les haies vives ou sèches sont si peu nombreuses dans la Haute-Loire que nous n'avons guère à nous en occuper.

Cependant :

D. Dans le canton de   , quelle est la distance à laquelle l'usage permet d'établir une haie vive entre des propriétés limitrophes ?

D. Quelle est la hauteur fixée par l'usage pour les haies ?

Branches. — Racines. — Fruits avançant sur le sol du voisin

Contrairement à l'avis de certains jurisconsultes anciens, le Code a fixé une règle précise, qui permet à tout propriétaire de contraindre son voisin à couper les branches des arbres et qui l'autorise à couper lui-même les racines qui avancent sur son héritage. Il serait utile d'indiquer, par une disposition législative, que ce droit est absolu ; qu'il s'étend à toute espèce d'arbre ; sur toute la hauteur qu'ils peuvent avoir ; qu'il existe malgré tous usages contraires et nonobstant toute prescription acquise par le propriétaire de l'arbre, pour le conserver à la distance moindre que celle permise par la loi ou par les usages ; qu'il est indépendant aussi de la nature du fonds limitrophe. Il ne serait pas non plus sans importance de décider, que celui qui a acquis, par prescription, le droit d'avoir un arbre à une distance moindre que celle que l'usage ou la loi autorisent, ne peut être contraint de le déraciner, alors même que l'immeuble voisin est une maison ; ce serait consacrer des principes qui nous paraissent conformes au droit.

Il est hors de doute que les fruits pendant des branches qui s'avancent sur le fonds voisin, appartiennent au propriétaire de l'arbre qui les produit ; mais pourra-t-il exiger le passage sur ce fonds, pour les cueillir ? Cette question qui divise les auteurs les plus recommandables, devrait encore recevoir une solution dans la nouvelle législation rurale et s'il nous est permis de la préjuger, nous dirons : que quelles que soient les obligations qu'impose le voisinage, le Code n'ayant maintenu aucune servitude légale pour cet objet, il n'est pas de considérations qui puissent autoriser aujourd'hui à la faire admettre ; qu'on ne doit pas se montrer favorable à celui qui profite déjà de la tolérance de son voisin, pour obtenir des fruits sur des branches qui vivent au-dessus d'un sol qui n'est pas à lui ; que le droit d'aller chez le voisin pour cueillir les fruits, dans de pareilles circonstances, aurait l'inconvénient de gêner la propriété et d'amener des conflits; et qu'autre chose est de souffrir l'ombre que les branches projettent sur un héritage, autre chose est d'y subir la présence d'un étranger.

Le point de savoir à qui appartiennent les fruits produits par les branches qui avancent sur le sol du voisin, lorsqu'ils sont tombés sur ce sol, est aussi matière à discussion ; les uns puisent encore aujourd'hui, dans le droit romain, l'exercice de l'action *ad exvipiendum* et accordent au propriétaire de l'arbre le droit de se les faire représenter ; d'autres font découler des rapports qu'établit le voisinage, le droit d'aller sur l'héritage voisin pour y ramasser les fruits tombés ; quelques-uns limitent l'exercice de ce droit à un temps déterminé, après la chute des fruits ; il en est enfin, qui accordent tout ou partie des fruits tombés, au voisin, comme une chose trouvée ou comme une indemnité du tort que les branches lui ont causé.

Dans ce conflit d'opinions contradictoires, nous penserions, que, du moment où le propriétaire de l'arbre n'a pas cueilli ses fruits avant qu'ils tombent, il y a présomption qu'il y a renoncé et qu'il serait plus à propos de décider, qu'ils ont cessé d'être sa chose, au moment où ils se sont naturellement séparés des branches qui lui appartiennent ; que l'en reconnaître propriétaire, sans qu'il puisse, comme nous le pensons, aller sur l'héritage voisin, pour les ramasser, ce serait lui accorder un droit illusoire, et que pour concilier les intérêts de tous, on devrait attribuer la propriété des fruits, en pareil cas, à celui sur le sol duquel ils sont tombés et faire cesser ainsi un prétexte perpétuel de querelles et de tracasseries pour un intérêt modique.

Voici au surplus de quelle manière l'usage tranche cette question dans la Haute-Loire.

D. Dans le canton de   à qui appartiennent les fruits tombés sur le sol du voisin et qui proviennent des branches qui avancent sur son fonds ?

D. Autorise-t-on le passage ?

D. Y a-t-il partage des fruits ?

BORNES

Ce n'est plus un tombeau ou un autel qui sert aujourd'hui de limite à la propriété rurale, et nous ne vivons plus à cette époque où celui qui déplaçait une borne, était noté d'infamie et puni du supplice des sacrilèges.

Le signe apparent du bornage a subi les transformations qui sont la conséquence de la mobilité et de la division de la propriété.

Les valeurs mobilières ayant pris une large part dans la richesse publique, ont enlevé aussi à la possession du sol une partie de son prestige.

Aujourd'hui, la borne d'un héritage est facile à placer, elle s'enlève également sans beaucoup d'efforts.

Dans la Haute-Loire, elle consiste en une simple pierre longue, applatie, de 40 à 60 centimètres, que l'on enfonce en terre jusqu'au trois quarts de sa longueur, sur la ligne séparative des propriétés.

Pour en contester le caractère et éviter qu'elle ne se confonde avec d'autres, on est dans l'usage de placer les deux fragments d'une même pierre cassée en deux.

Dans les arrondissements du *Puy* et de *Brioude*, ces fragments prennent le nom de *témoins*; dans celui d'*Yssingeaux*, on les nomme *gardons*.

Ces témoins ou gardons servent à indiquer dans quel sens se dirige la limite.

Si la borne doit fixer la ligne séparative de trois ou de quatre héritages, on place trois ou quatre témoins; dans ce dernier cas, elle prend le nom de limite-close.

Dans quelques localités, on met sous la borne des débris de vieilles tuiles pour indiquer que l'homme a présidé à sa plantation.

La limite appartient, par égales portions, aux propriétaires dont elle borne les héritages.

Il n'y a pas d'usage spécial pour reconnaître les limites des bois; cependant, dans les cantons d'*Auzon*, de *la Chaise-Dieu*, de *Tence* et d'*Yssingeaux*, ils sont généralement limités par un fossé qui est mitoyen entre chaque propriétaire riverain.

Dans certains cantons, et notamment dans ceux de *Bas*, de *La-voûte*, on emploie pour les bois, un autre mode de bornage; ce mode consiste à entailler les rochers qui sont sur la limite; si l'entaille a la forme d'une croix, elle sert à limiter quatre propriétés; si elle doit en borner seulement deux ou trois, elle prend la forme d'une équerre ou d'une double équerre.

Tertres ou talus

Les tribunaux ont trop souvent eu à examiner les questions de propriété qui ont été soulevées à propos de simples plantations de limites, pour qu'il ne soit pas d'un grand intérêt de rechercher de quelle manière l'usage a prononcé quant à la délimitation des tertres ou talus, qui séparent les héritages qui sont supérieurs les uns aux autres; ces bandes de terres, originairement incultes et sans importance, en ont acquis souvent une sérieuse.

Voyons donc quelles sont les règles à l'aide desquelles, en l'absence de toutes indications, telles que mur, haies, plantations, doit s'opérer le bornage des talus, dans les divers cantons de la Haute-Loire :

Allègre. —Si le talus sépare deux champs, il appartient au champ supérieur, à moins de limites contraires.

S'il sépare un champ ou un pré, le talus est à moitié et les deux propriétaires ont le droit d'en faire manger l'herbe, mais sans que les pieds de leurs bestiaux puissent reposer sur le talus. Ils doivent rester appuyés sur la propriété appartenant à leur maître.

Auzon. — Le talus appartient toujours au propriétaire supérieur ; mais si le talus est gazonné et que la propriété inférieure soit une prairie, le propriétaire de cette prairie peut en faucher l'herbe jusqu'à moitié de la hauteur du talus.

Bas. — Blesle. — Brioude. — Cayres. — Langeac. — Loudes. — Le Monastier. — Monifaucon. — Paulhaguet. — Pinols. — Le Puy. — Saint-Julien. — Solignac. — Tence. — Vorey. — Le talus est toujours considéré comme étant la dépendance du fonds supérieur, quelle que soit d'ailleurs la nature des héritages ; le propriétaire supérieur recueille seul tous les produits du talus.

Craponne. — Le talus est considéré comme étant la propriété du fonds supérieur ; mais quelle que soit la nature des héritages, le propriétaire inférieur a le droit de le faucher jusqu'à moitié de l'élévation du talus.

La Chaise-Dieu. — La règle ordinaire est que le talus appartient au propriétaire du fonds supérieur ; mais si le fonds inférieur est une prairie et si le talus est gazonné, il est dans ce cas considéré comme l'accessoire de cette prairie et appartient au propriétaire inférieur.

Fay-le-Froid. — Le talus est dans tous les cas considéré comme étant la propriété de celui à qui le fonds supérieur appartient , mais si ce fonds est un labour et si le fonds inférieur est un pré, le propriétaire de ce dernier héritage a le droit de faucher l'herbe qui croît sur le talus, et s'il ne peut y faucher, il a le droit d'y faire paître ; si les deux héritages sont deux prairies, le droit du propriétaire inférieur s'arrête au milieu du talus.

Lavoûte-Chilhac. — Le talus appartient au propriétaire supérieur quand les deux propriétés sont en nature de champ, et au propriétaire inférieur quand sa propriété est un pré, un pacage ou une terre vaine de quelque nature que soit la propriété supérieure.

Monistrol. — Saint-Paulien. — Si le fonds inférieur est une prairie, le talus est présumé appartenir au propriétaire de la prairie ; si le fonds inférieur est un champ, le talus est présumé appartenir au propriétaire supérieur.

Pradelles. — Quelle que soit la nature des héritages, le talus est présumé appartenir pour deux tiers de sa hauteur, au propriétaire supérieur, et pour un tiers, au propriétaire inférieur.

Saugues. - Yssingeaux. — Le talus est dans tous les cas et quelle que soit la nature des héritages, présumé appartenir par moitié au propriétaire supérieur et au propriétaire inférieur.

Saint-Didier. — Quelle que soit la nature des héritages qu'il sépare , le talus appartient toujours au propriétaire supérieur jusqu'à *jambes pendantes* ; le surplus appartient au propriétaire du fonds inférieur.

Actions en bornage ou relatives aux distances prescrites pour les plantations.

La loi du 11 avril 1838 sur les justices de paix, a eu pour but d'étendre une juridiction toute conciliatrice, de diminuer les frais et de supprimer des formes inutiles.

L'expérience a fait justice de la plupart des critiques dont elle avait été l'objet.

Parmi les matières nouvelles que cette loi a attribuées aux juges de paix, figurent les actions en bornage et celles qui sont relatives à la distance prescrite pour les plantations; tandis que sous l'ancienne loi, ces magistrats ne pouvaient connaître que des déplacements de bornes qui rentraient dans les actions purement possessoires; que relativement à la distance prescrite pour les plantations, leur compétence était limitée aux demandes qui avaient le même caractère; la loi de 1838 leur a complètement attribué la connaissance de ces actions, mais elle a formellement réservé aux tribunaux de première instance l'appréciation des actions de propriété qui peuvent naître incidemment à ces questions et ce n'est, pour le bornage, que lorsque les parties sont d'accord sur l'étendue respective de leur propriété, soit d'après les titres qu'elles produisent, soit d'après leurs droits réciproquement reconnus; et pour l'action relative aux distances prescrites pour les plantations, que lorsque les limites des héritages limitrophes étant certaines, ils ne sont pas appelés à apprécier, soit un titre produit par une partie, soit un droit invoqué par elle et contesté par l'adversaire, que les juges de paix conservent leur compétence.

Cette disposition est la conséquence du principe formellement énoncé dans le rapport de cette loi, de vouloir soustraire à la juridiction des juges de paix, toutes les affaires immobilières, même celles de la plus minime importance.

Il faut cependant bien le reconnaître; toute décision d'un juge de paix, qui fixe des bornes jusques là indécises ou qui ordonne la suppression d'une plantation, emporte avec elle cette conséquence, que ce magistrat statue sur une partie de la propriété et qu'il décide sur un point que l'on a voulu laisser en dehors de sa compétence. Or, dans l'intérêt bien entendu des propriétaires limitrophes, qui trop souvent, pour l'objet le plus minime, saisissent les tribunaux de première instance, ne devrait-on pas étendre la juridiction, que la force des choses donne déjà au juge de paix dans des limites plus ou moins restreintes, et les autoriser à statuer en premier ressort, soit sur l'application d'un titre contesté, soit sur l'appréciation de la prescription, lorsque l'objet de la contestation n'excéderait pas le taux de la compétence que la loi de 1838 leur a donnée, pour les affaires purement personnelles ou mobilières.

L'action en bornage et celle qui est relative à la distance prescrite pour les plantations, ne peuvent être mises en jeu que lorsqu'elles s'appliquent à des fonds ruraux; on ne les a jamais confondues avec l'action en revendication, à raison des empiétements commis sur les fonds urbains; autoriser les juges de paix, dans les questions de propriété de peu d'importance, qu'elles soulèvent si ordinairement, à juger en premier ressort, serait un véritable service rendu aux plaideurs.

La procédure serait simple et peu coûteuse : supposons que le juge de paix soit sur les lieux, assisté d'un expert ; que l'une des parties produise un titre ou se prévale de la prescription, pour se faire attribuer une parcelle de terrain, ou pour se faire maintenir dans la propriété d'une plantation que son voisin lui conteste ; le juge de paix, donnant acte de sa demande à celui qui produit le titre contesté ou qui se prévaut de la prescription (ce qui équivaut drait à une citation régulière et lierait le débat), devrait d'abord requérir l'expert de fixer, par un plan sommaire, l'étendue et les limites du sol contesté ou la situation de l'objet litigieux et d'en déterminer la valeur. Si l'estimation de l'expert n'excédait pas deux cents francs, la compétence du magistrat serait par là même déterminée et il procéderait par lui-même, soit à l'appréciation et à l'application du titre avec l'assistance du même expert ; soit à l'examen de la prescription, en entendant sur les lieux les témoins qui pourraient l'éclairer ; soit à la constatation d'un aveu ; soit enfin, à la réception d'un serment. Il statuerait comme juge en premier ressort et planterait des bornes conformément à sa décision ; le plan de l'expert, son rapport estimatif, le procès-verbal d'enquête, la décision du juge, seraient des documents déjà acquis au procès, si les parties le soumettaient à un second degré de juridiction. Le droit d'appel leur serait réservé sur tous les points, même sur celui de l'estimation, que l'expert aurait faite pour déterminer la compétence du juge de paix ; et nous sommes fermement convaincus que l'on tarirait ainsi le germe d'un grand nombre de petits procès, qui ne peuvent se terminer aujourd'hui que par une procédure coûteuse, qui oblige les plaideurs à dépenser plus que la valeur des choses, objet du débat.

Dans les cas où, après avoir dressé le plan dont nous venons de parler, l'expert fixerait la valeur du litige à une somme supérieure à deux cents francs, le juge de paix devrait déclarer son incompétence, s'abstenir d'apprécier le titre, de procéder à l'enquête, mais la procédure suivie jusqu'à sa décision aurait encore l'avantage de préciser la difficulté et de dispenser, le plus souvent, les tribunaux de première instance d'ordonner un plan et un rapport coûteux.

Nous sommes peu touchés du trouble purement théorique que peut présenter à certains esprits, une pareille modification, dans les attributions des juges de paix ; nous ne doutons pas qu'elle ne produisît d'excellents résultats pratiques ; les juges de paix connaissent déjà en premier ressort, dans un grand nombre de cas, des demandes d'une valeur indéterminée, et nous ne voyons pas pourquoi on leur refuserait une compétence limitée, dans une matière où ils peuvent rendre le plus de services.

Ce serait le moyen de faire cesser l'inconvénient que, dès l'an VII, le ministre François de Neufchâteau signalait au Directoire exécutif, en disant, que quelques centimètres de terre, disputés devant les tribunaux, faisaient manger plusieurs hectares.

DOMESTIQUES ET OUVRIERS RURAUX

Gages. — Salaires. — Travail des femmes

Le Code Napoléon ne contient que des dispositions très-courtes sur le contrat par lequel les domestiques et les ouvriers engagent leurs services ; elles sont toutes contenues dans les articles 1780 et 1781 du Code Napoléon.

Nous allons en indiquer les conditions les plus générales dans le département de la Haute-Loire.

Ce contrat n'a jamais lieu que verbalement, et l'usage en règle les points qui sont incertains entre les parties.

Le louage des domestiques et des ouvriers est parfait par la seule convention; on ne rencontre, nulle part, l'habitude constante dans d'autres pays, de le constater par des arrhes, sous le nom symbolique du *Denier à Dieu*.

Dans tous les cantons de ce département, les domestiques, bouviers et bergers, employés à l'exploitation d'un domaine, doivent être logés et nourris par le propriétaire.

Indépendamment du gage convenu, il est d'usage, dans quelques cantons, de leur faire cadeau de certaines fournitures ou de leur procurer certains avantages.

Ainsi, dans le canton d'*Allègre*, le maître donne d'ordinaire à ses domestiques un chapeau et une paire de sabots.

A *Craponne*, une paire de sabots et un demi-kilogramme de laine, ou bien une paire de souliers.

A *Fay-le-Froid*, le propriétaire leur abandonne ordinairement une parcelle de terrain pour y cultiver des pommes de terre, dont il leur fournit la semence; il leur donne aussi un char de fumier et leur permet encore d'*hiverner* un ou deux moutons.

Les bergères reçoivent en outre, après la vente des moutons, une étrenne qui est plus ou moins importante, suivant que le troupeau s'est vendu plus ou moins cher; on leur donne aussi quelques livres de laine.

A *Lavoûte-Chilhac*, on permet aux domestiques de nourrir, dans la ferme, un certain nombre de têtes de bétail.

A *Saint-Didier*, l'étrenne consiste en une paire de sabots et une chemise.

A *Saugues*, c'est plus spécialement de la laine.

A *Tence*, on fournit aux domestiques leurs sabots, un char de fumier pour faire des pommes de terre, deux mètres de toile ou deux livres de laine lavée.

Nulle part, il n'est d'usage de donner congé aux domestiques; on se contente de les prévenir huit jours avant l'expiration du terme convenu ou fixé par l'habitude de chaque canton.

Durée des services

Le louage des services finit, comme tout contrat de ce genre, par le laps de temps pour lequel il a été contracté; mais il peut arriver qu'aucune durée n'ait été fixée pour l'engagement, ou qu'un domestique, après avoir contracté et accompli un service de plusieurs années, reste chez son maître par tacite-reconduction; le nouveau contrat n'a point alors la durée du premier et doit être réglé comme si le terme pour lequel il a eu lieu n'avait jamais été fixé. Dans l'un et l'autre cas, par application des principes généraux du droit, c'est l'usage des lieux qui doit servir de règle.

Le point de départ ordinaire du louage de services est aussi utile à connaître, pour en apprécier la durée; dans le cas, par exemple, où un domestique ne serait entré qu'après l'époque ordinaire et prétendrait ne s'être engagé que pour le temps qui restait à courir de la période ordinaire des conventions de ce genre.

Voici les usages sur ce point:

La location des domestiques attachés à la culture est en général d'une année, dans presque tous les cantons de la Haute-Loire; cependant, à *Allègre*, il est d'usage de louer des domestiques supplémentaires pour sept ou huit mois.

A *Fay*, les domestiques mâles ne louent guère leurs services que pour dix mois, tandis que les femmes s'engagent pour un an.

A *Lavoûte-Chilhac*, les domestiques employés aux travaux de la vigne se louent pour dix mois; la location a lieu à tant par an; cependant à la *Chaise-Dieu* elle se fait aussi à tant par mois.

La durée de la location des bergers varie suivant les localités et suivant que le propriétaire garde ou non ses moutons pendant l'hiver; elle est d'un an dans les cantons de

de huit à neuf mois dans les cantons de

Les domestiques entrent en général chez leurs maîtres au 25 décembre; cependant à *Pradelles* ils entrent également au printemps.

L'entrée des bergers varie beaucoup; ainsi, à *Fay*, ils entrent au 25 mars et sortent au 25 décembre; il est à remarquer que dans ce canton on loue presque toujours des bergères; elles passent pour mieux engraisser les moutons.

A la *Chaise-Dieu*, la location des bergers commence le 2 avril et finit le 11 novembre.

A *Monistrol*, leur location commence à la fin d'avril et finit à la fin de décembre.

A *Tence* et *Yssingeaux*, elle est du 25 mars au 2 novembre.

A *Saugues* et à *Loudes*, elle prend cours au 30 septembre.

Au *Monastier*, tantôt au 25 décembre, tantôt au printemps; à *Montfaucon*, en avril; à *Saint-Didier*, au commencement de mai; à *Pradelles*, tantôt au 29 septembre, tantôt au 25 décembre.

La tacite-reconduction est peu usitée en matière de louage de domestiques; il intervient presque toujours de nouvelles conventions; cependant on peut citer des cantons où la tacite-reconduction se rencontre quelquefois, tels sont : *Allègre, Auzon, Bas, la Chaise-Dieu, Fay, Monistrol, Montfaucon, Tence*.

Rien n'est plus fréquent, dans les campagnes, que les contestations sur l'exécution du louage des services, et cependant aucune disposition n'est encore intervenue pour réglémenter cette matière et amener le maître, le domestique et l'ouvrier à remplir leurs engagements.

On ne saurait sans doute entraver la liberté des uns ou des autres et faire revivre les abus des anciens règlements; mais est-ce une raison pour ne pas prendre les moyens d'assurer l'exécution de conventions librement consenties; et, sans favoriser, soit le maître aux dépens de ses serviteurs, soit les serviteurs aux dépens du maître, de donner aux uns et aux autres des garanties positives, en tenant la balance égale entre eux, sans préférence et sans injustice.

On a senti la nécessité de garantir l'exécution des engagements du travail entre les ouvriers et les patrons, d'assurer le paiement des dettes contractées, dans de certaines limites, par l'ouvrier vis-à-vis du maître de chez qui il sort; depuis les lettres-patentes de 1781, nous trouvons dans nos Codes toute une législation sur les livrets, applicable aux industries de tout genre; l'agriculture seule a été laissée, sur ce point, dans l'oubli le plus complet, quoique elle soit encore la source la plus précieuse et la plus abondante de la fortune, de la prospérité et de l'ordre public, en même temps qu'elle occupe le plus grand nombre de citoyens.

Qu'il nous soit donc permis d'émettre le vœu le plus ardent, pour qu'une réglementation, analogue à celle des livrets des ouvriers, vienne enfin donner à l'industrie agricole les sécurités qui lui manquent; ce serait le plus sûr moyen d'empêcher la désertion des campagnes et d'accroître les produits de la terre; le maître trouverait dans le livret de ses domestiques ou de ses ouvriers un sûr répondant, où la moralité des uns appellerait la confiance de l'autre, et les serviteurs y puiseraient aussi l'histoire de leur vie industrielle et le témoignage irrécusable de leur fidélité à remplir leurs engagements.

La législation actuelle sur les livrets nous paraîtrait facile à modifier sur quelques points, pour en mettre les formes et les dispositions en harmonie avec les besoins, les habitudes et la nature des travaux de ceux auxquels on devrait l'appliquer.

Quoi qu'il en soit de ces observations, la sanction des obligations contractées aujourd'hui, dans les campagnes, entre les cultivateurs et leurs domestiques ou leurs ouvriers ne se trouve que dans l'application de la règle du droit commun: que toute obligation de faire se réduit en dommages-intérêts, et cette sanction est souvent illusoire; mais en attendant la législation que nous sollicitons, voici, autant que nous avons pu le recueillir, de quelle manière l'usage en a consacré l'application dans nos campagnes:

Il est de règle générale, dans le département de la Haute-Loire, que si un domestique ou bouvier quitte son maître, sans motifs légitimes, avant la fin de l'année ou du temps qui a été convenu, le maître se retient sur son gage, d'abord une somme proportionnelle au temps qui reste à courir, et s'il a éprouvé un préjudice, une somme qui est arbitrée suivant l'importance de ce préjudice.

C'est presque toujours le Juge de paix qui règle les parties sur ce point.

Quoiqu'il soit difficile de préciser, en matière pareille, quelles sont les bases qu'adoptent Messieurs les Juges de paix, il est bon de constater les faits suivants:

A *Bas*, la retenue que le maître est autorisé à faire à son domestique varie entre le gage de quinze jours et celui d'un mois; cette retenue n'est appliquée qu'aux domestiques mâles et non aux femmes.

A *Saugues*, on pratique un système différent; le maître se fait servir aux dépens de son domestique pendant le temps qui reste à courir; il ne lui paie, sur le gage de l'année, que ce qui excède la somme qu'il est obligé de débourser pour le remplacer.

A *Solignac* et à *Cayres*, où les domestiques entrent au 25 décembre, il est admis, que s'ils quittent leur maître avant la fin de l'hiver, il ne leur est rien dû sur leurs gages; si la sortie a lieu dans le courant de la belle saison, le maître prend un autre domestique, et celui qui est sorti est tenu de supporter sur son gage la différence en plus que peut gagner son remplaçant; ce règlement se fait à la fin de l'engagement.

Il est encore d'usage, à *Solignac*, de diviser le gage des domestiques en vingt-unièmes, répartis entre les douze mois de l'année, suivant le tableau ci-après, et de le leur payer conformément à ce tableau.

Janvier.	Février.	Mars.	Avril.	Mai.	Juin	Juillet.	Août.	Septembre.	Octobre.	Novembre.	Décembre.
$\frac{1}{21}$	$\frac{1}{21}$	$\frac{1}{21}$	$\frac{1}{21}$	$\frac{2}{21}$	$\frac{4}{21}$	$\frac{3}{21}$	$\frac{3}{21}$	$\frac{3}{21}$	$\frac{2}{21}$	$\frac{1}{21}$	$\frac{1}{21}$

Le gage des domestiques ruraux est très-difficile à préciser, puisqu'il varie suivant les sujets. Cependant, en laissant de côté les exceptions et en prenant une moyenne, il résulte, de renseignements aussi complets que possible, que le gage d'un bouvier ordinaire, logé et nourri par le maître, est actuellement de :

90^f à *Saugues*.

95 à *Blesle*.

110 à *Saint-Julien-Chapteuil*

115 à *Bas, Saint-Didier*.

130 à *Auzon, la Chaise-Dieu, Fay, Montfaucon, Pinols*.

135 à *Langeac*.

150 à *Craponne, le Monastier, Monistrol, Paulhaguet, Pradelles, Solignac*.

165 à *Cayres*.

170 à *Tence*.

180 à *Vorey*.

190 à *Loudes, Saint-Paulien*.

200 à *Allègre, Lavoûte, Yssingeaux*.

240 à *Brioude*.

Dans les deux cantons du Puy, la moyenne du gage d'un premier bouvier est de 200 fr.; celle d'un second de 140 fr., et celle d'un troisième de 90 fr.

Le gage des bergers logés et nourris par le maître est ordinairement :

De 20 à 60 francs dans le canton de *Tence*, pour 7 ou 8 mois de service.

De 30 à 60 francs à *Montfaucon, Saugues*, pour un an.

De 60 francs à *Yssingeaux*, pour

De 60 à 80 francs à *Craponne, Auzon,*   *la Chaise-Dieu, Paulhaguet*, pour un an.

De 60 à 90 francs à *Allègre, Monistrol, Saint-Didier*, pour

De 50 à 100 francs à *Bas, Blesle, Lavoûte, le Monastier, Pinols, Pradelles*, pour

Les bergères touchent en moyenne un gage de 100 francs par an dans le canton de *Fay*.

Les simples manouvriers, les batteurs, les faucheurs sont, les uns et les autres, nourris d'une manière à peu près générale, dans tous les cantons, par le maître qui les emploie.

Ils font quatre repas en été et trois repas en hiver.

L'heure de ces repas est habituellement : six heures du matin, midi, quatre heures et huit heures du soir en été; huit heures, midi, sept heures du soir en hiver.

Cependant nous croyons devoir constater que ces repas se prennent, en été :

A six heures et onze heures du matin, quatre heures et huit

heures du soir; à *Auzon*, *Allègre*, *Bas*, *Crayonne*, *Fay*, *Lavoûte*, le *Monastier*, *Saugues*, *Saint-Paulien*, ils ont lieu :

A sept heures et neuf heures du matin, midi et trois heures du soir à *Brioude*.

On est dans l'habitude de donner, toute l'année, du vin à tous les ouvriers et à tous les repas, dans le canton de *Brioude*; à *Bas*, on ne leur en donne qu'à deux repas.

Dans les cantons d'*Auzon*, de *Blesle*, on en donne également à tous les ouvriers, mais pendant une partie de l'année seulement; à *Paulhaguet*, ils n'en boivent qu'à un repas. A *Allègre*, *Cayres*, *Fay*, la *Chaise-Dieu*, *Monistrol*, *Pradelles*, *Saint-Didier*, *Saint-Paulien*, *Solignac*, *Tence*, on ne donne du vin qu'aux faucheurs et aux moissonneurs, et à un seul repas. A *Montfaucon*, *Saugues*, *Saint-Julien*, *Vorey*, aux moissonneurs seulement.

Dans les cantons de *Lavoûte* et de *Langeac*, on ne donne du vin aux ouvriers que dans les parages où on en récolte; ailleurs, on le remplace par un plat de plus.

A *Craponne*, *Pinols*, et dans les deux cantons du *Puy*, il est très-rare qu'on donne du vin; cependant on en donne quelquefois aux moissonneurs.

Pour tous les ouvriers dont nous venons de parler, qui sont nourris par le maître, il est d'un usage général que la journée commence au point du jour et finit à la nuit; elle est coupée, en été, par un repos d'une heure à midi et par le temps des repas.

Le salaire qu'ils reçoivent varie suivant les saisons et les besoins plus ou moins pressants de l'agriculture; on peut cependant arriver à un des prix moyens suivants que nous pensons être celui des deux dernières années.

Les simples ouvriers ou journaliers qui sont nourris par le maître reçoivent un salaire, pendant l'été :

De 0f 50 centimes à		
0 60 — à		
0 75 — à		
0 90 — au *Puy*.		
1 » — à		
1 25 — à		
1 50 — à		Prière à MM.
Pendant l'hiver :		les Juges de
De 0f 30 centimes à		paix de rem-
0 40 — à		plir ces blancs.
0 50 — au *Puy*.		
0 60 — à		
0 75 — à		
0 80 — à		
1 » — à		

Le salaire des batteurs est le même que celui des ouvriers.

Les faucheurs sont payés, en moyenne :

1 fr. à *Saint-Julien-Chapteuil*, *Cayres*, *Solignac*.

1 fr. 25 cent. à *Auzon*, *Blesle*, la *Chaise-Dieu*, *Craponne*, le *Monastier*, *Monistrol*, *Montfaucon*, *Pinols*, *Pradelles*, *Saint-Didier*, *Saint-Paulien*, *Saugues*, *Tence*, *Vorey*, *Yssingeaux*.

1 fr. 50 cent. à *Allègre*, *Brioude*, *Langeac*, *Loudes*, *Paulhaguet*, le *Puy*.

2 fr. à *Fay-le-Froid*.

2 fr. à 2 fr. 50 cent. à *Bas.*

Le prix de la journée des moissonneurs est, en moyenne, de :

1 fr. 25 cent. à *Craponne, Saugues.*

1 fr. 60 cent. à *Cayres, Lavoûte, Solignac, le Puy.*

1 fr. 75 cent. à *Auzon, Blesle, Brioude, la Chaise-Dieu, Mont faucon, Pradelles.*

2 fr. à *Fay, Pinols, Vorey.*

2 fr. 10 cent. à *Saint-Julien, Saint-Paulien.*

2 fr. 25 cent. à *Bas, Loudes, Monistrol.*

2 fr. 40 cent. à *Allègre, Langeac, le Monastier, Paulhaguet, Saint-Didier.*

2 fr. 50 cent. à *Tence, Yssingeaux.*

Femmes employées aux travaux des champs

L'emploi plus ou moins complet des femmes aux travaux de la campagne tient à des causes multiples qu'il serait fort curieux de rechercher : tandis que dans certaines régions la misère et la privation de toute industrie les obligent à utiliser leurs forces aux labeurs pénibles, que la nature semble avoir réservés à l'homme seul, dans d'autres contrées, le concours qu'elles prêtent aux travaux des champs tient plus spécialement à la nature de ces travaux et aux produits du sol. Nous citerons, comme exemple de cette dernière cause, la culture de la lentille, qui est propre à une partie du département de la Haute-Loire ; la récolte minutieuse de cette denrée délicate et facile à extraire du sol peut, jusqu'à un certain point, expliquer qu'on ait eu recours aux mains des femmes.

Mais l'examen de ces questions économiques ne rentre pas dans les limites de ce travail, et nous n'avons qu'à recueillir les faits, en laissant à d'autres le soin de rechercher quels sont les moyens que l'on pourrait prendre, pour utiliser le travail et les aptitudes de la femme d'une manière plus en harmonie avec ses forces et sa nature, dans les lieux où elle en abuse, et sans nuire aux services précieux qu'elle peut rendre à l'agriculture, dans d'autres régions.

Disons seulement, en passant, que l'industrie de la dentelle, qui est beaucoup plus développée dans certains cantons du département que dans d'autres, explique aussi les différences que nous allons signaler :

Les femmes ne sont jamais employées aux travaux des champs dans les cantons de *Craponne, Montfaucon, Saugues, Saint-Didier, Tence, Vorey, Yssingeaux.*

A *Bas, Fay, Saint-Julien-Chapteuil, le Monastier, Monistrol,* elles ne travaillent que très-exceptionnellement, en cas d'urgence ou de menace d'orage.

A la *Chaise-Dieu,* on ne les emploie qu'aux fenaisons.

A *Loudes, Saint-Paulien,* dans les deux cantons du *Puy,* elles travaillent d'une manière assez générale à cueillir les lentilles ; elles aident aussi à la récolte des pommes de terre.

A *Auzon, Blesle, Cayres, Solignac, Pinols, Lavoûte, Pradelles,* elles sont employées au sarclage des blés, aux fenaisons, aux moissons, à la récolte des pommes de terre.

A *Paulhaguet,* à *Brioude,* elles font presque les mêmes travaux que les hommes.

A *Allègre, Langeac,* elles sarclent les blés de mars, préparent les foins, ramassent les pommes de terre.

Quand les femmes sont employées aux travaux des champs, elles sont nourries comme les hommes et reçoivent un salaire moyen :

De 25 cent. à 1 fr. à *Pradelles*.

De 40 cent. à 1 fr. à *Auzon, Bas, Blesle, Cayres, Lavoûte, Solignac*.

De 50 à 60 cent. à *Allègre, Monistrol*.

De 60 cent. à 75 cent. à *Saint-Julien*.

De 50 cent. à 1 fr. 50 au *Monastier*.

De 75 cent. à la *Chaise-Dieu, Langéac, Pinols, le Puy*.

De 75 cent. à 1 fr. à *Saint-Paulien*.

De 1 fr. à *Loudes*.

De 1 fr. à 2 fr. à *Brioude*.

A *Paulhaguet*, il est des femmes qui sont payées comme les hommes.

A *Fay*, les femmes, qui travaillent très-exceptionnellement, ne sont pas payées; on se borne à leur donner un repas meilleur et plus copieux.

PARCOURS. — VAINE PATURE.

D'après la loi du 6 octobre 1791 qui nous régit encore, le parcours et la vaine pâture ne peuvent exister que dans les lieux où ils sont fondés sur un titre ou autorisés par les coutumes.

Etablies dans le but d'utiliser, au profit de plusieurs communes ou d'une communauté d'habitants, les produits d'un sol inculte ou dépouillé de sa récolte, qui peuvent être abandonnés aux bestiaux, sans aucun préjudice appréciable pour les propriétaires des terres sur lesquelles elles s'exercent, ces servitudes réciproques tendent à disparaître avec les progrès de l'agriculture. Chaque jour, en effet, la surface improductive du sol diminue et nous voyons s'accroître les produits d'une même terre par la variété intelligente des assolements ; aussi, a-t-il été souvent question de prononcer l'abolition du parcours de la vaine pâture, et la loi de 1791 ne les avait-elle maintenues que provisoirement.

L'on a objecté que leur suppression rendrait l'élevage des bestiaux et surtout des moutons plus difficile ; que leur nombre pourrait en être diminué; que le prix des laines et celui des viandes augmenterait ; mais ces raisons ne sont que spécieuses. Les conventions libres qui interviendront entre les propriétaires limitrophes, pour le plus grand avantage de leurs exploitations, les associations qu'ils formeront avec intelligence pour la garde et la dépaissance de leurs troupeaux, produiront incontestablement de meilleurs résultats que la tyrannie d'un usage qui suppose une communauté tacite de pâturage, qui est une entrave gênante pour la propriété et qui perpétue un état de choses inconciliable avec la libre disposition que chacun a de sa fortune et avec les idées de notre époque.

Le parcours de commune à commune n'existe aujourd'hui dans aucun des cantons de la Haute-Loire.

Quant à la vaine pâture, en attendant qu'un nouveau Code rural en fasse disparaître les derniers vestiges, nous allons recueillir, pour chaque canton, les usages qui s'en rapprochent ; car nulle part, elle ne s'est maintenue avec sa rigueur ; on verra que presque partout, cette servitude gênante n'est presque pas réglementée, et que les modifications que le temps y a apportées et qui en changent complètement le caractère, font sentir le besoin de la voir abroger.

Allègre. — On rencontre encore les vestiges de la vaine pâture dans ce canton ; mais elle ne s'exerce que par section de commune et pour les moutons seulement ; cet usage tend tous les jours à disparaître ; dès qu'un propriétaire est assez riche pour avoir un troupeau séparé, il s'empresse de prendre un berger à lui seul et de faire garder son troupeau chez lui ; il n'y a que les petits propriétaires qui se réunissent pour avoir un troupeau et un pâtre commun.

Le nombre des bêtes qu'ils peuvent mettre dans ce troupeau, n'est déterminé par aucun règlement local ; il n'est pas non plus basé sur l'étendue des terrains soumis à la vaine pâture qu'ils possèdent les uns ou les autres ; chacun peut en envoyer autant qu'il le juge convenable ; mais il doit nourrir et payer le berger proportionnellement au nombre qu'il y envoie.

Le troupeau commun couche sur les terres de chaque habitant, pendant un nombre de nuits également proportionné au nombre des moutons qu'il a dans le troupeau.

Ce pâturage en commun s'exerce sur les champs dépouillés de leurs récoltes, et sur les prairies après la seconde herbe.

La présence de plusieurs troupeaux réunis a toujours été tolérée.

Auzon. — Dans ce canton, la dépaissance en commun n'existe que dans un très-petit nombre de sections, et encore n'a-t-elle lieu que sur les champs dépouillés de récolte et pour les moutons seulement.

Elle s'exerce au moyen d'un pâtre et d'un troupeau commun, ou de plusieurs troupeaux fournis par plusieurs particuliers réunis ; le nombre des moutons que chaque habitant peut envoyer à ce troupeau, est fixé à trois ou quatre par hectare de terres labourables, qu'il livre à la vaine pâture. Les dispositions de la loi de 1791 qui, dans les pays où la vaine pâture est reconnue, permettent à tous les chefs de famille domiciliés, qui ne possèdent ou n'exploitent aucuns terrains sujets à cette servitude, de faire conduire au troupeau commun, six bêtes à laine, une vache et son veau, n'y sont pas observées.

Le gage du berger, sa nourriture, les nuitées du troupeau, sont divisés entre les propriétaires, en proportion du nombre de moutons qu'ils ont dans le troupeau commun.

Il n'existe aucun règlement municipal sur cette matière et le pâtre commun, quand il y en a, est choisi par les habitants.

Bas. — Le pâturage en commun est encore en usage dans ce canton ; mais il ne s'exerce que dans un très-petit nombre de localités ; il a lieu sur les champs dépouillés de leurs récoltes et sur les prairies après la seconde herbe ; dans certains villages, il existe un troupeau commun ; dans d'autres, les propriétaires font pacager leurs troupeaux séparément.

Quand il y a un berger commun, il est nourri et payé par les propriétaires, en proportion des bêtes qu'ils ont dans le troupeau. Ce nombre est entièrement facultatif pour chacun d'eux et n'est pas réglémenté ; les nuits sont divisées proportionnellement aux têtes possédées par chaque habitant.

Il n'existe dans ce canton aucun arrêté du conseil municipal, fixant le nombre ni l'espèce d'animaux que chacun peut envoyer à la vaine pâture ; le pâtre commun, dans les villages où il en existe, n'est pas désigné par le maire.

Blesle. — La dépaissance en commun se rencontre encore dans ce canton ; elle s'y exerce sur les terres dépouillées de leurs récoltes, sur les jachères et sur les prairies après la seconde herbe, par un troupeau commun à chaque village, dans lequel les habitants sont admis à envoyer un nombre de bêtes proportionné à l'étendue des terres qu'ils possèdent.

Le berger est payé et nourri par chacun, en proportion des bêtes qu'il possède ; les nuits sont divisées d'après les mêmes bases. Mais quoiqu'il y ait un troupeau commun, contrairement aux principes qui régissaient la vaine pâture, les habitants sont libres de s'associer, pour former des troupeaux particuliers, qu'ils font garder séparément.

Brioude. — Les anciens règlements sur la vaine pâture se sont conservés à peu près dans toute leur rigueur, dans ce canton. Cette servitude s'y exerce uniquement sur les terres labourables dépouillées de leurs récoltes ; dans plusieurs communes elle est réglementée.

Ces règlements prescrivent l'emploi d'un pâtre commun, payé et nourri en proportion du nombre de bêtes que chaque propriétaire envoie au troupeau, ce nombre est déterminé par l'étendue du terrain possédé par chacun d'eux, trois bêtes à laine par hectare.

Les habitants domiciliés qui ne sont pas propriétaires, ne sont pas admis à profiter de la vaine pâture.

Il est très-rare que l'on tolère, à côté du troupeau commun, un troupeau formé par plusieurs particuliers réunis.

Les nuits du troupeau sont divisées d'une manière proportionnelle aux bestiaux que chacun y envoie.

Cayres. — Dans ce canton, les hameaux ou sections de commune ont, en général, un troupeau commun, qu'ils font pacager, tant sur les terres dépouillées de leurs récoltes et sur les jachères qui leur appartiennent que sur celles appartenant aux hameaux ou sections de commune qui les avoisinent ; les prairies en sont affranchies.

Chaque propriétaire peut envoyer dans ce troupeau, un nombre de bêtes proportionné à l'étendue du terrain qu'il possède ; il concourt au paiement et à la nourriture du berger, il profite des nuits du troupeau, suivant le nombre de bêtes qu'il y a envoyées ; mais celui qui ne possède pas de terrains soumis au pâturage ne peut y faire pacager des bestiaux, et malgré l'existence du troupeau commun, on tolère partout, dans ce canton, les troupeaux de plusieurs particuliers réunis.

Craponne. — Chacun peut à son gré et sans aucune réglementation, faire pacager séparément ou en se réunissant à son voisin, les moutons qu'il juge convenable, sur les champs dépouillés de leurs récoltes, sur les jachères, sur les prairies, depuis le deux novembre jusqu'au printemps, et pendant l'hiver, dans les bois défensables.

Il n'existe nulle part de troupeau commun.

La Chaise-Dieu. — Comme dans le canton de Brioude, la vaine pâture est encore en usage dans quelques communes, et elle s'y exerce sur les champs dépouillés de leurs récoltes, sur les jachères et sur les prairies, après le deux novembre, jusqu'au printemps.

Les habitants ont, dans ce cas, un troupeau commun où chacun peut envoyer un nombre de moutons proportionné à celui qu'il peut nourrir pendant l'hiver avec ses propres fourrages.

Le berger est payé et nourri, les nuitées sont partagées dans la même proportion.

On ne tolère pas, à côté du troupeau commun, un troupeau formé par des propriétaires réunis.

Fay-le-Froid. — On ne connaît pas la vaine pâture dans le canton de Fay; cela tient au grand nombre et à la grande étendue des communaux.

Langeac. — La vaine pâture s'exerce dans ce canton, par *Mas* et *tènements*, suivant l'ancienne coutume d'Auvergne; elle a lieu sur les terres dépouillées de leurs récoltes, sur les jachères et dans les prairies après la levée de la seconde herbe.

Ordinairement, il existe un troupeau commun où chaque propriétaire peut envoyer un nombre de bêtes proportionné à l'étendue du terrain qu'il possède dans le tènement; les nuits du troupeau, la nourriture et le gage du berger sont divisés d'après les mêmes bases.

En général, on ne tolère pas un troupeau formé par plusieurs propriétaires réunis.

Les habitants domiciliés qui ne sont pas propriétaires, sont admis à envoyer six bêtes à laine au troupeau commun.

Lavoûte-Chilhac. — La vaine pâture est en usage dans le canton de Lavoûte-Chilhac, mais elle tend à disparaître chaque jour.

Elle s'exerce en tout temps sur les terres vaines et dans les bois défensables; sur les champs, deux jours après l'enlèvement de la récolte; et dans les prés, du premier novembre au vingt-cinq mars. Chaque section a son troupeau et ne permet pas à celui de la section voisine de pacager sur son terrain.

Dans certaines sections, chacun envoie au troupeau commun le nombre de moutons qu'il peut acheter; dans d'autres, il existe un règlement conforme à la loi de 1791.

Le berger est payé à raison de cinq centimes par mouton, dans les lieux où il ne parque pas au dehors; dans ceux où il parque dans les champs, il l'est en proportion des nuits que chaque propriétaire en retire; il est nourri dans les mêmes proportions.

Les nuits du troupeau sont divisées d'après l'étendue des terres que les propriétaires livrent à la vaine pâture.

Contrairement aux règles sur la vaine pâture, l'usage tolère, à côté du troupeau commun, celui de plusieurs propriétaires réunis; mais ils ne peuvent faire garder un plus grand nombre de bêtes que le règlement ne leur en attribue, à moins qu'ils ne fassent garder exclusivement chez eux.

D. Quid des habitants domiciliés et qui ne sont pas propriétaires?

Loudes. — Un usage constant a consacré le pâturage en commun, dans ce canton. Il s'exerce sur les champs dépouillés de leurs récoltes sur les terres vaines et dans les prairies, à partir du premier novembre jusqu'au vingt-cinq mars ; il n'a jamais lieu dans les bois.

Il existe pour chaque village ou pour chaque section un troupeau commun, dans lequel, tout propriétaire peut, en général, mettre à sa volonté, le nombre de bêtes qu'il juge convenable ; dans quelques sections du canton, ce nombre est fixé à trois têtes par hectare.

Les nuits du parc sont partagées d'après une appréciation faite sans règle et sans base bien fixe.

Le gage et la nourriture du berger sont payés et fournis proportionnellement à cette appréciation.

Il est d'usage de tolérer dans le même village deux ou trois troupeaux appartenant à des propriétaires réunis.

Le Monastier. — La vaine pâture y est généralement admise, mais elle s'exerce sans réglémentation, sur les terres vaines, les champs dépouillés de leurs récoltes, les jachères et les prés, après la seconde herbe.

Il n'existe qu'un troupeau commun; on ne tolère pas celui qui serait fourni par plusieurs propriétaires réunis; mais chacun peut en revanche, envoyer au troupeau le nombre de moutons qu'il veut.

Le gage du berger est payé par chaque propriétaire, à raison du nombre de moutons qu'il a dans le parc; ce berger est nourri à tour de rôle par chaque habitant.

Les bestiaux ne couchent pas au parc.

Monistrol. — Dans ce canton le pâturage en commun ne s'exerce que sur les communaux.

Montfaucon. — Il en est de même à Montfaucon.

Paulhaguet. — La vaine pâture est en usage dans ce canton ; mais elle ne s'exerce que sur les jachères et sur les champs, trois jours après la levée de la récolte. Chaque section ou chaque village a son troupeau, dans lequel les propriétaires peuvent envoyer un nombre de bêtes proportionné à l'étendue des jachères et de champs qu'ils livrent à la vaine pâture.

Le gage du berger et les nuits du parc sont répartis en proportion du nombre de bêtes que chacun a dans le troupeau.

Le berger est nourri par celui qui doit profiter de la nuit du parc.

On ne tolère pas de troupeau fourni par divers particuliers.

D. Les habitants domiciliés et non propriétaires peuvent-ils envoyer des moutons au troupeau ?

Quel en est le nombre.

Pinols. — Le pâturage en commun est en usage dans ce canton; il s'exerce sur toutes les terres dépouillées de leurs récoltes, sur les jachères et même sur les prairies, pendant la morte-saison. Mais à côté du troupeau commun, que l'on forme généralement dans chaque village ou dans chaque section, on tolère aussi des troupeaux séparés et formés par la réunion de plusieurs propriétaires qui pacagent ensemble ou séparément; la seule règle que l'on observe consiste à maintenir une proportion entre le nombre de bestiaux de chaque habitant et l'étendue des terrains qu'il livre au pâturage.

Les nuits du parc du troupeau commun, le gage du berger, sa nourriture sont divisés proportionnellement au nombre de bêtes que chacun a dans le troupeau.

D. Quid des habitants domiciliés qui ne sont pas propriétaires.

Pradelles. — La vaine pâture s'exerce dans ce canton, sur les terres vaines et les jachères pendant l'été, et pendant l'hiver, sus les champs dépouillés de leurs récoltes, sur les prairies et sur les bois.

Chaque habitant met au troupeau un nombre de bêtes proportionné à l'étendue des terres qu'il possède. Il profite des nuits dans la même proportion ; on ne tolère pas les troupeaux formés par plusieurs habitants.

Le Puy. — L'usage a consacré la vaine pâture dans les deux cantons du Puy ; chaque village a un troupeau de moutons sous la garde d'un berger commun ; il peut pacager sur les champs dépouillés de leurs récoltes et même, pendant la morte-saison, sur les prairies appartenant à tous les habitants.

Chaque propriétaire peut envoyer au troupeau, un nombre de bêtes proportionné à l'étendue des terres qu'il livre au pacage ; au besoin, ce nombre est déterminé par l'autorité municipale, les pauvres sont admis à y en envoyer un certain nombre et sans concourir au paiement du berger.

Le gage du berger, les nuits du troupeau sont divisés entre les habitants, autres que les pauvres, en proportion des têtes de moutons qu'ils ont dans le troupeau.

Il est interdit d'avoir un troupeau fourni par plusieurs propriétaires.

Saugues. — Le pâturage en commun y est en usage sur les guérets, les jachères, les terres vaines et vagues, les champs dépouillés de leurs récoltes, dans les bois et, pendant l'hiver, sur les prairies ; il s'exerce à l'aide d'un troupeau dans lequel chaque habitant peut envoyer un nombre illimité de moutons.

Le berger est payé par chaque habitant, en proportion du terrain qu'il livre au pacage ; c'est dans la même proportion que se divisent les nuits du troupeau ; celui qui doit profiter de la fumure de la nuit est obligé de nourrir le berger.

L'usage permet, dans ce canton, à plusieurs propriétaires de s'associer pour soustraire leurs terres au pâturage et pour y faire garder séparément leurs troupeaux réunis.

Saint-Didier. — On ne connaît pas la vaine pâture dans ce canton ; les propriétaires sont dans l'usage de s'associer, pour faire garder leurs moutons dans leurs prairies communes, depuis la fin d'octobre jusqu'au mois de mars. Pour cela ils forment un troupeau commun, dans lequel ils peuvent mettre un nombre de moutons indéterminé ; mais qui est, en général, proportionné à l'étendue des prairies qu'ils possèdent ; le berger est payé à raison de cinquante centimes par tête de bétail, il se nourrit lui-même et les moutons passent la nuit chez leurs propriétaires.

Saint-Julien-Chapteuil. — La vaine pâture n'est pas connue dans ce canton ; chaque propriétaire a son troupeau et le fait garder sur ses terres.

Saint-Paulien. — L'usage, dans ce canton, autorise tous les propriétaires à faire pacager leurs troupeaux sur les terres, les uns des autres ; mais seulement lorsqu'elles sont en jachères ; cet usage s'exerce par un troupeau séparé, que chacun peut composer d'autant de têtes qu'il le juge convenable.

Solignac. — La vaine pâture est en usage dans ce canton ; elle s'exerce sur les terres complètement dépouillées de leurs fruits et sur les jachères ; elle n'a jamais lieu sur les prairies.

Cette servitude s'exerce à l'aide d'un pâtre commun ; chaque propriétaire peut envoyer au troupeau un nombre de bêtes proportionné à l'étendue de son domaine ou à la quotité de ses impôts.

Le pâtre commun est nourri, à tour de rôle, par chaque propriétaire ; il est payé proportionnellement au nombre de bêtes.

On ne permet pas à plusieurs propriétaires de se réunir pour faire garder séparément leurs bestiaux.

Tence. — *Yssingeaux.* On ne connaît pas la vaine pâture dans ces cantons.

Vorey. — La vaine pâture s'exerce généralement dans le canton de Vorey, par sections et à l'aide d'un pâtre commun ; il n'existe pas de règle pour déterminer le nombre de moutons que chacun peut mettre dans le troupeau.

Le berger est payé et nourri par chacun proportionnellement à ce nombre ; on ne tolère pas de troupeaux réunis.

QUESTIONS COMMUNES A MM. LES JUGES DE PAIX DANS LE CANTON DESQUELS SE TROUVENT DES COMMUNES OU LA VAINE PATURE EST EN USAGE :

D. Existe-t-il des règlements faits par les conseils municipaux, fixant le nombre de bêtes que chaque habitant peut envoyer à la vaine pâture ?

D. Ces arrêtés fixent-ils l'époque de l'ouverture et de la ferme-ture de la vaine pâture ?

D. Quelle est cette époque ?

D. Les vaches et bœufs y sont-ils admis ?

D. Les chèvres et les cochons y sont-ils admis.

D. Le pâtre commun est-il désigné par le maire ?

D. S'il n'est pas désigné par le maire, comment est-il choisi ?

D. M. le Juge de paix et la commission cantonnale qu'il s'est adjointe, ne sont-ils pas d'avis, que le parcours et la vaine pâture devraient être abrogés ?

BAUX

Congés. — Présomptions admises par l'usage

Le louage des choses est un contrat dans lequel la convention fait la loi des parties.

Il cesse donc de plein droit, lorsque la durée pour laquelle il a été consenti est expirée.

Dans certains cas où cette durée n'a été fixée que d'une manière imparfaite, la loi a cru devoir la déterminer elle-même, en inter-prétant l'intention des parties.

C'est ainsi qu'elle présume que le bail d'un appartement meublé est fait à l'année quand il est fait à tant par an ; au mois, quand il est fait à tant par mois ; au jour, s'il a été fait à tant par jour.

C'est ainsi qu'elle déclare que le bail d'un fonds rural, dont les parties n'ont pas fixé la durée, est fait pour le temps qui est nécessaire pour que le preneur recueille tous les fruits de l'héritage affermé; pour un an, s'il s'agit d'un pré, d'une vigne ou de tout autre fonds dont les fruits se recueillent dans le cours d'une année; pour autant d'années qu'il y a de soles, si les terres sont divisées par assolements.

Mais il arrive fréquemment que la durée d'un bail n'a pas été déterminée par la convention, que le prix n'est pas fixé à tant par an, par mois et par jour, ou qu'à l'époque à laquelle il a pris fin, le locataire est resté et a été laissé en possession; or, comme il est impossible de supposer que le bailleur a entendu se priver pour toujours de la jouissance de sa chose, et que le preneur a voulu s'engager à en jouir à perpétuité, il faut admettre qu'ils se sont réservé, l'un et l'autre, le droit de mettre un terme à leur convention et de manifester leur intention sur ce point, d'une manière qui soit obligatoire pour tous deux.

Le moyen que la loi a consacré pour atteindre ce résultat, est de donner congé par un avertissement, dont le bailleur et le preneur peuvent faire usage, sans le consentement et même contre le gré de l'autre.

On commet assez généralement une erreur, en croyant qu'il est nécessaire de donner congé pour mettre fin à tous les baux dont la durée n'a pas été fixée; il nous paraît utile de la rectifier.

Les baux des biens ruraux, c'est-à-dire ceux des héritages destinés à l'agriculture et au pâturage, des biens qui fournissent à l'homme des produits de la terre, ceux mêmes qui comprennent une ferme ou une maison qui n'est que l'accessoire des terres qui l'entourent, alors même qu'ils ont été faits sans fixation de durée, ou qu'ils se sont renouvelés par le consentement commun du preneur et du bailleur, finissent de plein droit, à chaque période qui a permis au preneur de recueillir tous les fruits de l'héritage affermé. Il n'est pas nécessaire de donner congé; le bailleur et le preneur sont mutuellement dégagés de leurs engagements à la fin de chaque période.

Pour des baux de ce genre, nous ne verrions d'utilité à un congé, ou pour parler plus exactement, à un avertissement, que dans le cas très-rare où le bail, remontant à des temps très-reculés et comprenant des héritages soumis à plusieurs assolements, il y aurait de l'incertitude pour déterminer l'époque à laquelle il a pris naissance. Dans cette situation, il nous paraîtrait à propos que la partie qui veut rompre le bail, manifestât son intention par un avertissement qui devrait laisser, entre le jour où il serait donné et celui de l'expiration du bail, le temps nécessaire pour recueillir tous les produits des héritages.

Nous n'aurons donc à nous occuper, au point de vue des congés proprement dits, qui ont pour objet de faire cesser le bail, que de ceux qui se réfèrent aux locations urbaines, c'est-à-dire des baux à loyer des maisons, appartements ou locations analogues.

Quoiqu'il n'entre pas dans le cadre de ce travail, de faire une étude de droit, nous ne croyons pas hors de propos de consigner ici un point de jurisprudence constante, pour éclairer les personnes qui auront à appliquer les usages que nous allons recueillir.

Les articles 1736 et 1737 du Code Napoléon, pris à la lettre, et sans les rapprocher d'autres dispositions de la loi, porteraient à penser, que la nécessité où sont le preneur et le bailleur de se donner un congé, dépend de la distinction que le législateur a faite entre les baux faits par *écrit* et ceux faits *sans écrit* ; qu'à l'égard des premiers le congé est inutile, tandis qu'il est obligatoire pour les seconds ; ce serait là commettre une erreur ; il est unanimement reconnu aujourd'hui que la loi s'est servie d'expressions qui manquent d'exactitude ; qu'au point de vue du congé, il est sans importance que le bail soit écrit ou ne le soit pas ; qu'il faut uniquement rechercher si la durée du bail a été ou non déterminée ; écrit ou non écrit, le bail cesse de plein droit et sans qu'il soit besoin de donner congé, lorsque le temps pour lequel il avait été fait est expiré ; tandis que s'il n'a rien été convenu sur la durée du bail, l'une des parties est tenue de donner congé à l'autre pour qu'il prenne fin.

Comme il serait contraire à la justice que le locataire qui n'a pas prévu la fin du bail fût obligé de quitter brusquement les lieux qu'il a loués ; que ce serait nuire également au propriétaire s'ils étaient abandonnés à l'improviste ; la loi, suivant en cela les habitudes générales de nos provinces, a exigé qu'il s'écoulât un certain délai entre l'époque à laquelle chaque partie manifeste l'intention de résilier le bail et celle où il devra finir.

Ce sont les usages qui fixent ces délais. Mais le vœu de la loi ne serait pas rempli si celui qui donne congé se bornait à laisser un délai, conforme à l'usage des lieux, entre le jour de l'avertissement et l'époque où il voudrait faire cesser le bail ; il faut encore que ce délai se soit accompli à partir du jour où commence le terme. Cette remarque était nécessaire pour le combiner avec les délais d'usage que nous recueillons ci-après :

D'après ce que nous venons de dire, nous aurons donc à rechercher :

1° Quels sont les délais consacrés par l'usage pour donner congé lorsqu'il s'agit des baux des maisons, même avec jardin et terres en dépendant, lorsque la location a surtout pour objet l'habitation des personnes, des appartements, chambres, cafés, hôtels et autres locations de ce genre.

2° Quelle est ensuite la présomption admise par l'usage quant à la durée des mêmes baux, lorsqu'ils n'ont pas été faits à tant par an, ou par mois ou par jour.

3° Quel est pour chaque canton, l'assolement pour les terres labourables.

Quels sont les héritages ruraux de ce département, autres que les prés et les vignes, dont les produits, d'après l'usage, sont considérés comme étant perçus dans une année.

Ce qui se pratique à cet égard pour les bois taillis, pour les prairies artificielles.

Congés

Le délai d'usage, pour les congés, est, dans les deux cantons du Puy, de trois mois, pour les locations qui n'excèdent pas 400 fr. ; de six mois pour celles qui sont supérieures.

Dans les cantons d'*Auzon*, de *Bas*, de *Blesle*, de *Brioude*, de

Cayres, de *la Chaise-Dieu*, de *Fay*, de *Langeac*, de *Lavoûte*, du *Monastier*, de *Montfaucon*, de *Paulhaguet*, de *Pinols*, de *Pradelles*, de *Saint-Didier*, de *Saint-Paulien*, de *Saint-Julien*, de *Tence*, de *Vorey*, le délai d'usage pour les congés, est constamment le même ; il est de trois mois, quelle que soit la location.

Dans le canton d'*Yssingeaux*, le délai du congé est de six mois pour une maison entière ou pour un rez-de-chaussée ; de trois mois seulement pour toutes les autres locations.

Dans celui de *Craponne*, le délai général des congés est de trois mois, excepté pour les auberges, hôtels, et débits de boissons pour lesquels il est de six mois.

Tous les congés ne peuvent être donnés à un délai moindre de six mois dans le canton de *Monistrol*.

Dans le canton de *Loudes*, le délai des congés, est de trois mois, s'il s'agit d'une maison, de six semaines pour un appartement.

Présomptions de durée des locations urbaines, tirées de la nature de la location

Le bail d'une maison entière est censé faire pour un an, dans les cantons d'*Allègre*, d'*Auzon*, de *Craponne*, de *Fay*, du *Monastier*.

On présume que le bail d'une partie de maison, d'un appartement, est fait pour un an, dans les cantons d'*Allègre*, d'*Auzon*, de *Craponne*, de *Fay*, du *Monastier*.

Quant au bail d'une chambre isolée, on suppose qu'il est fait pour   dans les cantons de

Celui qui loue un café, une auberge est présumé l'avoir loué pour   dans les cantons de

Le bail d'une grange est présumé fait pour un an, dans les cantons du *Puy*, si le fermier y engrange des fourrages ; pour trois ans dans le canton d'*Auzon*.

Présomptions de durée des baux ruraux, tirées de la nature des héritages. — Assolements.

D. Quels sont les héritages autres que les prés et les vignes dans le canton de   dont les produits sont réputés par l'usage perçus dans une année ?

D. Quand quelqu'un a affermé un taillis sans que la durée du bail ait été fixée, quelle est la durée de ce bail ?

Mêmes questions pour les prairies artificielles.

Le bail d'un corps de domaine composé de champs, prés et bois et dont la durée n'a pas été fixée, est censé fait pour trois ans dans les cantons d'*Allègre*, d'*Auzon*, de *Bas*, de *Blesle*, de *Brioude*, de *Craponne*, de *la Chaise-Dieu*, de *Loudes*, pour deux ans dans celui de *Fay-le-Froid*.

Le bail d'une terre labourable dont la durée n'a pas été fixée, est censé fait pour un an à *Allègre, Auzon, Bas, Blesle, Brioude, Fay*, pour trois ans à *Craponne, Loudes, le Puy*.

D. Prière à MM. les Juges de paix de s'étendre avec détail sur ces questions importantes.

SOUS-BAUX

Paiements faits par anticipation

Le propriétaire qui n'est pas payé par le preneur qui ne remplit pas ses engagements vis-à-vis de lui, a une action directe contre les sous-preneurs jusqu'à concurrence du prix de leur sous-bail ; cette règle s'applique aussi bien aux baux-à-loyer qu'aux baux-à-ferme.

Et comme il fallait protéger le propriétaire contre la fraude et la collusion, faciles à concerter au moyen de quittances qui auraient constaté que les paiements avaient eu lieu par anticipation, la loi a admis, comme règle générale, que les paiements faits par anticipation, par le sous-preneur au preneur, ne pourraient être opposés au propriétaire.

A cette règle elle a fait cependant deux exceptions ; l'une d'elles se produit quant le paiement a été fait conformément à l'usage des lieux, parce qu'il n'y a aucun soupçon de fraude quant à de semblables paiements.

Nous avons donc à rechercher quels sont les paiements anticipés qu'il est d'usage que le sous-locataire fasse au locataire pour les baux à loyer, que le sous-fermier fasse au fermier pour les baux à ferme.

Baux à loyer

Il n'est pas d'usage que le sous-locataire fasse des paiements par anticipation au locataire principal, dans les cantons d'*Allègre*, d'*Auzon*, de *Bas*, de *Blesle*, de *Brioude*, de *Cayres*, de *la Chaise-Dieu*, de *Fay*, de *Langeac*, de *Lavoûte*, de *Loudes*, du *Monastier*, de *Montfaucon*, de *Paulhaguet*, de *Pinols*, du *Puy*, de *Saint-Paulien*, de *Saint-Julien*, de *Pradelles*, de *Saint-Didier*, de *Tence*, d'*Yssingeaux*.

Dans celui de *Saugues*, il est d'usage que le sous-locataire paie par anticipation 3 mois de loyer quand la location s'élève au chiffre de   , et 6 mois, quand elle lui est supérieure.

Dans le canton de *Monistrol*, le sous-locataire paie d'habitude 6 mois de loyer par anticipation.

Baux à ferme

Est-il d'usage, dans le canton de   ‹   , que le sous-fermier paie par anticipation une partie du prix de son bail au fermier ?

Si cet usage existe, le spécifier.

Réparations locatives

Afin de tarir la source d'une infinité de contestations, fondées sur des faits difficiles à vérifier, la loi a mis à la charge des locataires urbains certaines réparations qui proviennent habituellement de leur faute ; elle les a énumérées dans l'article 1754.

Mais en outre de ces réparations qui, à moins qu'elles ne soient le résultat de la vétusté ou de la force majeure, doivent toujours être faites par le locataire ; le législateur, reconnaissant que la nomenclature en est incomplète, s'en est référé à l'usage des lieux pour la compléter.

Relativement aux héritages ruraux, la loi n'a pas cru devoir déterminer quelles sont les réparations dont le fermier doit être tenu; elle s'en est, sur ce point, exclusivement rapportée à l'usage.

Nous avons donc à rechercher quels sont, dans ce département, pour les locations urbaines, les réparations autres que celles indiquées par la loi, que l'usage met à la charge des locataires, et pour les héritages ruraux, celles que l'usage seul leur impose.

Locations urbaines. — Dans les cantons d'*Allègre*, de *Bas*, de *Blesle*, de *Brioude*, de *Cayres*, de *Craponne*, de *Saint-Didier*, de *Langeac*, de *Lavoûte*, de la *Chaise-Dieu*, de *Montfaucon*, du *Monastier*, de *Monistrol*, du *Puy*, de *Pradelles*, de *Paulhaguet*, de *Pinols*, de *Saint-Julien-Chapteuil*, de *Saint-Paulien*, de *Saugues* et de *Solignac*, le locataire n'est tenu que des réparations locatives énumérées dans l'article 1754.

Dans celui de *Bas*, il est en outre tenu du ramonage; dans le canton de *Loudes*, il doit, en outre, faire ramoner les cheminées, entretenir les poulies des puits. Quid dans les autres cantons?

Nettoyage des fosses d'aisances. — Quid?

Fours et boulangeries. — Quid?........ Détail des objets qui rentrent dans la catégorie des réparations locatives.

Le locataire n'est-il pas tenu de l'entretien de tout l'intérieur du four? l'extérieur et la cheminée restant à la charge du propriétaire.

Forges. — Quid?...... .. id.

Locations rurales. — *Moulins.* — Il est d'usage dans le canton de *Loudes* et de

que le fermier doit entretenir les vannes, les tournants, les tournillons et les ustensiles de meunerie.

Indépendamment des objets ci-dessus, s'il s'agit de moulins à transmission de mouvements ou moulins mécaniques, dans les cantons du *Puy*, de.........

on comprend dans les réparations locatives : les soies des blutoirs, les toiles préservant les bluteries de la poussière, les courroies à godets ou autres, les poches à recevoir les grains, les cordages et câbles.

Toitures. — Dans les cantons de *Bas*, *Saint-Didier*, *Saint-Paulien*, *Monistrol*, le fermier est tenu d'entretenir les toits; mais les matériaux sont fournis par le propriétaire.

Dans le canton de *Fay*, si la ferme est couverte en chaume, le fermier est obligé par l'usage à remplacer annuellement, à ses frais, la paille du toit qui ne peut plus servir; si le toit est en pierres (*lauzes*), il doit remplacer, à ses frais, celles qui sont détruites par les vents.

Fontaines. — A *Fay*, le fermier est tenu, par l'usage, de faire au canal de la fontaine les réparations nécessaires pour qu'elle soit constamment en bon état. — Quid? partout ailleurs.

Pavés des cours et écuries. — Quid?

Crèches, mangeoires. — Quid?

Aires à battre. — Quid!

D. MM. les Juges de paix sont invités à entrer, sur ces divers points, dans les plus grands détails; la commission sera heureuse de consigner leurs renseignements, qui pourront à l'avenir guider leurs justiciables.

Obligations des fermiers entrant et sortant.

La loi dit que le fermier sortant doit laisser à celui qui lui succède dans la culture, les logements convenables et autres facilités pour les travaux de l'année; que le fermier entrant doit également procurer à celui qui sort, les logements convenables et autres facilités, pour la consommation des fourrages et pour les récoltes restant à faire, le tout en se conformant à l'usage des lieux.

Les usages, en cette matière, découlent de la nature du bail, de ses principales conditions, de l'époque de la prise de possession et comme les baux des biens ruraux sont très-variés dans la Haute-Loire, nous croyons utile d'en faire connaître les principales conditions dans chaque canton.

D. C'est ici que nous prions chaque Juge de paix de vouloir bien rédiger lui-même la note relative à son canton, ou la compléter si elle est imparfaite.

1° *Canton d'Allègre.* Presque tous les baux à ferme sont consentis à des métayers ou des colons partiaires qui exploitent par eux-mêmes et par des domestiques à gage.

La culture par maîtres valets, n'est pas en usage dans ce canton.

Le fermage à rente fixe, soit en argent, soit en denrées, soit partie en denrées, partie en argent, a lieu quelquefois, mais par exception.

Les baux prennent cours et finissent au 25 mars; leur durée ordinaire est de 3, 6 et 9 ans, avec réserve de résilier après chaque période, en se prévenant trois mois à l'avance.

Au commencement du bail, le propriétaire fait l'avanee des semences que le fermier lui rend à sa sortie.

Les céréales se divisent au tour du pignon; le propriétaire a un tiers, le fermier deux tiers; les raves et les pommes de terre ne se partagent pas, le fermier en donne une quantité déterminée par le bail, mais toujours très-inférieure à celle qu'il eût donnée, s'il y eût eu partage.

Les foins sont fixés, en argent, à la moitié de leur valeur; dans les céréales, il faut comprendre le chanvre et le colza, s'il en existe.

Les bestiaux employés au labourage, ceux qui garnissent le domaine, les troupeaux de moutons, les instruments d'agriculture appartiennent au bailleur; ils sont, par exception, la propriété du fermier, mais alors, il a reçu du bailleur une somme d'argent, dont il paie l'intérêt, et qu'il rend à sa sortie. Dans ce cas, comme le propriétaire ne profite pas du croît et du bénéfice sur les bestiaux, le fermier lui paie les foins, à leur valeur.

La valeur des bestiaux de toute nature et celle des objets garnissant la ferme est fixée, au moment de l'entrée en jouissance, par deux arbitres choisis par le preneur et le bailleur; elle est constatée dans le bail ou dans un acte séparé.

A la fin du bail, le fermier doit rendre les objets et bestiaux qui lui ont été remis en entrant, ou leur valeur d'estimation. Si les bestiaux ont plus de valeur que ceux qu'il a reçus, le bailleur peut les garder, en payant la moitié de la plus-value; si, au contraire, il y a une différence en moins, le preneur doit payer la moitié de cette différence.

Pendant le bail et à la fin du bail, le croît et le bénéfice des chevaux et des mulets se partagent par moitié ; pour les cochons, le fermier donne un porc d'un poids déterminé, ou sa valeur en argent.

S'il s'agit d'élever des bestiaux ou de les engraisser, le bailleur fait, en général, l'avance des fonds ; ils lui sont rendus sur le produit de la vente ; le surplus de ce produit se partage par moitié, entre lui et le preneur ; la laine se partage à moitié.

Le preneur fournit, en général, un nombre de volailles déterminé ; rarement du beurre ou du fromage, et toujours en petite quantité ; le nombre des volailles dépend de l'importance de la ferme ; on peut les fixer ainsi : dans un domaine d'une paire de bœufs, 4 ou 6 chapons ou poulets, 8 ou 10 kilogrammes de beurre et de fromage ; dans un domaine de deux paires de bœufs, 8 chapons ou poulets, 15 à 18 kilogrammes de beurre et de fromage ; ces redevances se paient : pour le beurre et le fromage, moitié au mois de mars, moitié au mois de septembre ; pour les chapons et poulets, au mois de novembre.

Les impôts fonciers sont à la charge du propriétaire ; mais il est d'usage que le fermier les paie au percepteur, en déduction du prix du bail.

Le propriétaire fournit les fourrages, la quantité en est indiquée dans le bail ; le fermier entrant n'en apporte pas ; il doit en laisser pareille quantité à sa sortie, ou payer le manquant. Les foins et pailles doivent être consommés dans la ferme ; dans aucun cas, les fumiers ne peuvent en être détournés.

Il n'y a pas de conditions spéciales relativement aux obligations entre les fermiers entrant et sortant, puisque ce dernier vide les lieux quand le nouveau fermier prend possession du domaine.

D. — Le fermier sortant n'est-il pas autorisé, même après sa sortie, à faire consommer, dans la ferme, les fourrages qui excèdent la quantité qu'il a reçue ?

2° *Canton d'Auzon.* — Le métayage et le bail à rente fixe sont également usités dans le canton d'*Auzon* ; on n'y connaît que très-exceptionnellement la culture par maîtres-valets.

Les baux commencent et finissent à trois époques différentes, 25 mars, 25 juin et 11 novembre ; leur durée est de trois, six et neuf ans, en se prévenant trois mois avant la fin de chaque période.

Voici comment s'y fait le bail à métayage : les semences sont fournies, moitié par le bailleur, moitié par le preneur. Les bestiaux affectés au labourage, les troupeaux de moutons sont fournis par le propriétaire ; il en est fait une estimation lors de la prise de possession, et le preneur, à la sortie, doit en laisser de même valeur, ou payer la différence. En cas de plus-value, il profite de la moitié.

Les grains et le croît des bestiaux se divisent par moitié, entre le propriétaire et le métayer, à l'exception du produit des juments poulinières, de celui des porcs et des animaux de basse-cour qui appartiennent habituellement à ce dernier.

La laine se partage à moitié ; on ne partage ni raves, ni pommes de terre, elles appartiennent au métayer.

S'il faut acheter des bestiaux pour les élever ou les engraisser, le propriétaire fournit les fonds; il les prélève sur la vente, et la plus-value se partage par moitié.

Les instruments d'agriculture sont, en général, la propriété du métayer.

Pour le bail à *rente fixe*, la rente est ordinairement partie en grains, partie en argent. Les semences sont exclusivement fournies par le fermier. Le plus ordinairement, tous les bestiaux et les instruments d'agriculture lui appartiennent; mais il arrive aussi qu'ils sont fournis par le propriétaire, sous forme de cheptel.

Quel que soit le genre de bail, il est d'usage que le preneur donne au propriétaire, des poulets, des œufs, du beurre, du fromage, quelquefois des dindons, des canards, en proportion de l'importance du domaine, il ne donne jamais ni raves, ni pommes de terre.

Il doit laisser toutes les pailles et tous les engrais de l'année qui ne sont pas employés sur les terres.

Les impôts de toute nature sont toujours à la charge du propriétaire.

Le fermier sortant, vidant les lieux au moment de l'entrée du nouveau fermier, il ne lui est imposé aucune obligation particulière par l'usage des lieux.

D. Quelles sont les conventions les plus habituelles pour les baux de vignes ?

3° *Canton de Bas.* — Les baux à rente fixe, partie en argent, partie en céréales, sont seuls en usage dans le canton de *Bas*; il arrive cependant quelquefois, qu'au lieu de convenir d'une quantité de céréales déterminée pour toutes les années, le fermier est tenu de payer au propriétaire le tiers, le quart ou la moitié de la récolte; on partage, par moitié, les pommes, poires et noix: il est d'usage que le fermier donne au propriétaire une certaine quantité de poulets et de beurre, suivant l'importance du bail.

Les baux commencent et finissent au 25 mars et au premier novembre de chaque année; ils sont de trois, six et neuf ans, résiliables seulement au bout de la première période, en se prévenant réciproquement six mois à l'avance.

Le fermier est propriétaire de tous les bestiaux et troupeaux de toute nature, des instruments aratoires; c'est lui-même qui se les procure; mais il arrive quelquefois que le propriétaire lui fournit une somme à titre d'avances, et cette somme porte intérêt pendant la durée du bail; lorsqu'il finit, le fermier dispose des bestiaux comme il l'entend.

Les impôts de toute nature sont à la charge du propriétaire.

Il existe d'ordinaire, dans les bâtiments du domaine, une certaine quantité de fourrages qui est pesée à l'entrée du fermier; il doit en laisser pareille quantité à sa sortie; il est d'usage qu'il emporte le surplus.

Comme les récoltes sont toujours levées et les semences faites à l'époque où les baux se renouvellent, les fermiers ne se trouvent jamais ensemble dans les bâtiments d'une même exploitation.

4° *Canton de Blesle.*—Le mode de bail, presque exclusivement adopté dans le canton de Blesle, est le métayage combiné avec le cheptel simple, tel qu'il est régi par les dispositions de l'article 1804 et suivants du Code Napoléon.

Le preneur et le bailleur se partagent les céréales par moitié ; ils fournissent chacun moitié de la semence ; les pommes de terre et raves sont exclusivement réservées au preneur.

Le croît des vaches, chevaux, mules, porcs, celui des moutons, la laine qu'ils produisent se partagent aussi par moitié entre eux.

Il est d'usage que le fermier fournisse quelques poulets au propriétaire.

Le bailleur fournit les bestiaux de toute nature et les instruments d'agriculture ; à la fin du bail, le métayer doit en rendre de même valeur ou payer la différence ; s'il y a de l'excédant, il se partage par moitié entre eux.

L'époque de l'entrée en jouissance est celle du dix novembre. La durée du bail est de trois, six ou neuf ans, avec faculté réciproque de le faire cesser à la fin de chacune des deux premières périodes, par un avertissement donné trois mois à l'avance.

Les impôts fonciers se paient généralement par moitié.

Les pailles, fumiers et engrais restent toujours à l'exploitation.

Ce mode de bail ne peut donner lieu à aucun usage touchant les rapports du fermier entrant et du fermier sortant.

5° *Canton de Brioude.* — Le métayage est le genre de bail le plus usité dans anton de Brioude.

La culture par maîtres-valets n'y est pas connue.

Les baux commencent au 25 décembre. Ils sont, en général, de trois, six et neuf ans, avec faculté de les résilier de trois en trois ans, en se prévenant trois mois avant la fin de chaque période.

Au commencement du bail, il est fait un état des lieux pour constater la quantité de terres ensemencées ou préparées, les grains nécessaires pour ensemencer les récoltes du printemps :

On estime la quantité des pailles et des fourrages que reçoit le métayer ; il doit laisser la même quantité de chaque chose à celui qui lui succède.

Les bestiaux et troupeaux de toute nature, les instruments aratoires sont la propriété du bailleur ; c'est lui qui fait l'avance des fonds ; il en est remboursé à la fin du bail, sur le produit de leur vente, ou il se rembourse en nature ; l'excédant, s'il y en a, se partage par moitié.

Les céréales sont à moitié ; le croît des vaches, mules, juments et porcs, la laine sont aussi à moitié.

S'il convient dans le cours du bail d'acheter des bestiaux pour les élever ou les mettre à l'engrais, le propriétaire fait l'avance des fonds ; lors de la vente, les bénéfices et les pertes sont supportés également par le métayer et par le propriétaire.

Les pailles et fourrages doivent être employés aux besoins de l'exploitation ; si, au moment de la sortie du preneur, il en existe une plus grande quantité qu'à son entrée, l'excédant se divise par moitié entre lui et le bailleur ; si, pendant la durée du bail, il est nécessaire d'en acheter, l'achat se fait également à frais communs

Il est d'usage que le métayer donne au bailleur une certaine quantité de poulets, dindons, œufs, beurre ; elle est déterminée à l'avance.

Les raves et les pommes de terre sont exclusivement la propriété du preneur et doivent être consommées dans la ferme.

Bien que le bail commence le 25 décembre, il est d'usage que celui qui entre prenne possession quelques jours plus tôt; le métayer doit tolérer sa présence et lui fournir un logement convenable.

L'impôt foncier est payé moitié par le métayer, moitié par le propriétaire.

D. Prière à M. le Juge de paix de nous faire connaître les conventions les plus ordinaires pour les vignobles et de s'étendre avec quelques détails sur ce point.

Quels sont les ustensiles fournis pour l'exploitation?

6° *Canton de Cayres.* — Le bail le plus usité dans ce canton est le bail à rente fixe, en argent ou en denrées, ou partie en argent, partie en denrées.

Nous renvoyons, pour les clauses de ce bail, à celles qui sont indiquées plus loin pour le canton de Solignac. Il n'en diffère qu'en ce que la durée des baux est trois, six ou neuf ans.

La culture par maîtres-valets n'y est pas connue.

D. Prière à M. le Juge de paix de nous faire connaître en quoi consiste l'opération appelée *dîme* et quel est son but?

Le bail à moitié fruits s'y rencontre quelquefois; en voici les plus ordinaires :

Ces baux sont faits pour dix années; ils prennent cours au 25 mars.

Les seigles, orges, avoines et pois sont partagés par moitié; les récoltes sont dépiquées par les fermiers, qui profitent de la paille.

En entrant au 25 mars, une quantité de foin et de paille nécessaire pour nourrir les bestiaux jusqu'au 25 juin, est laissée par le propriétaire au fermier, qui doit en rendre une semblable quantité à sa sortie; mais quant à sa rentrée il n'existe pas de fourrages, le propriétaire fait l'avance au fermier d'une somme d'argent suffisante pour acheter jusqu'au 25 juin les foins et pailles pour la nourriture des bestiaux. L'argent avancé pour ce fourrage ne porte pas d'intérêts; le capital est rendu au propriétaire à fin de bail.

Les semences de mars sont avancées par le propriétaire; il les prélève à la fin du bail.

A titre de cheptel, le propriétaire donne les animaux et outils nécessaires à l'exploitation; estimation est faite lors de la délivrance de ces objets, et à sa sortie, le fermier rend la valeur égale trouvée à sa rentrée.

Tous les croîts sans exception, y compris les laines, sont au fermier.

L'étendue des prairies existantes dans le domaine étant connue, le fermier paie au propriétaire, autant de fois la somme de dix francs qu'il jouit de cartonnées, soit six ares quatre-vingt-trois centiares; ce chiffre est accepté sans être débattu.

Quelle que soit la superficie en pâturages qui peut se trouver dans le domaine, elle passe sur le marché, sans être estimée.

Le fermier est aussi obligé à quelques charrois, et, en outre, à quelques redevances annuelles, en poulets ou beurre.

7° *Canton de Craponne.* — Dans le canton de Craponne, on ne connaît que le bail à moitié fruits, et le fermage, partie en argent, partie en grains.

Il n'y a point de culture par maîtres-valets.

Ces deux espèces de baux commencent au 25 mars, et sont faits pour trois, six ou neuf ans, avec résiliation facultative et réciproque, en se prévenant trois mois à l'avance.

Dans les deux cas, le propriétaire fournit les semences au fermier; il lui donne également les bestiaux nécessaires à la culture, il en est fait un état, habituellement par experts convenus; cet état est constaté dans le bail, et à la fin du bail, le preneur doit laisser une pareille quantité de semences et de bestiaux à celui qui lui succède.

Les troupeaux de moutons sont la propriété exclusive du bailleur; il ne partage avec le preneur que la laine.

Dans le bail à moitié fruits, les céréales, le croît des chevaux et des mules se partage par moitié; il est d'usage que le métayer doit fournir au propriétaire quelques paires de poulets. Tout le reste appartient au fermier.

Dans le bail, partie en argent, partie en grains, le prix du bail varie suivant la qualité des terres.

Lorsque, dans le courant de l'un ou l'autre de ces baux, il convient d'acheter des bestiaux pour l'engrais ou l'élevage, le propriétaire fournit les fonds; il les retire lors de la vente et le produit se partage à moitié.

La récolte des blés d'hiver appartient, dans tous les cas, au fermier sortant; le fermier rentrant doit lui fournir les bestiaux pour remiser cette récolte dans les bâtiments, une place suffisante à la grange pour l'y recevoir et pour l'y dépiquer; mais le fermier sortant est seul chargé de ces opérations. Le fermier entrant doit encore, pendant leur durée, permettre au fermier sortant de faire son ménage dans la maison.

Les impôts de toute nature sont toujours à la charge du propriétaire.

Tous les fourrages, sans exception, doivent rester dans la ferme; s'il en manque dans le courant du bail, le fermier doit se les procurer.

8° *Canton de La Chaise-Dieu.* — Il est deux sortes de baux également usités dans ce canton; le bail à mi-fruits et le bail en argent.

La culture par maîtres-valets n'y est pas connue.

L'entrée en jouissance, pour l'un et l'autre bail, a lieu au 25 mars; leur durée est en général de trois, six et neuf ans, avec faculté réciproque de les résilier à la fin de chaque période, en se prévenant trois mois à l'avance.

Il est d'usage, pour ces sortes de baux, que le propriétaire fournit au fermier tous les bestiaux destinés à l'exploitation, et les troupeaux de moutons; il en est fait un inventaire par deux arbitres choisis; cet inventaire doit être restitué par le fermier à sa sortie.

Les pailles et fourrages que le fermier trouve dans la ferme sont estimés de la même manière, et le fermier doit aussi en laisser une pareille quantité. — Il est encore habituel dans ces deux sortes de baux que les instruments d'agriculture sont la propriété du fermier.

Si le bail est en argent, les semences sont fournies par le fermier; il profite seul de tous les produits et n'est tenu qu'au paiement du prix. — Si le bail est à mi-fruits, les semences sont fournies moitié par le propriétaire, et moitié par le métayer. Les récoltes en céréales, le croît des vaches, juments, mules, moutons, la laine se partagent à moitié.

Le métayer profite seul des raves, des pommes de terre, du produit des cochons, des oies, dindons et vo'ailles de toute nature, du beurre, du fromage, du lait.

Le preneur, dans aucun cas, ne peut emporter de la ferme les pailles ou fumiers; si au moment de sa sortie il en existe une plus grande quantité que celle qu'il a reçue, il ne lui en est pas tenu compte; mais il a le droit de les faire consommer dans la ferme, et, dans ce cas, le fermier entrant est tenu de recevoir dans l'écurie les bestiaux nécessaires à cette consommation et les gens qui doivent en prendre soin.

Les impôts de toute nature sont toujours payés par le propriétaire.

9° *Canton de Fay-le-Froid.* — Les baux à rente fixe en argent sont exclusivement connus dans ce canton.

Leur durée est, pour les gros domaines, de six ou douze ans; pour les petits, de deux, quatre ou six ans, avec faculté de les résilier à la fin de chaque période, en se prévenant réciproquement six mois à l'avance.

Ils commencent toujours au 25 mars; mais à cause de la rigueur du climat, il est d'usage que le fermier sortant ne vide les lieux qu'au 4 mai, jour où arrive le fermier entrant.

Le fermier sortant évacue complètement la maison d'exploitation, en y laissant les pailles et fourrages non encore consommés, et tous les engrais.

Le fermier fournit les semences; il doit avoir un nombre de bêtes suffisant pour l'exploitation du domaine. Pour une propriété de 3,000 fr. de revenu, par exemple, il doit tenir au moins soixante bêtes à cornes, sans parler des chevaux, poulains, mules, veaux et moutons; il doit habiter la maison d'exploitation et est *rigoureusement* tenu d'y faire consommer tous les fourrages.

Tous les bestiaux ainsi que les instruments d'agriculture sont la propriété du fermier, qui les amène avec lui; le propriétaire n'entre pour rien dans leur acquisition.

Il est d'usage qu'indépendamment du prix du bail, le fermier fournisse au propriétaire une certaine quantité de beurre; 50 kilos, par exemple, pour une propriété de 3,000 fr. de revenu.

Il est encore d'usage que s'il existe des bois dans le domaine, le propriétaire fournisse au fermier celui qui lui est nécessaire pour l'entretien et la réparation des outils aratoires.

Le fermier sortant doit laisser dans certains lieux le tiers, dans d'autres le quart des terres en friche, ainsi qu'il les a reçues lui-même; il ne doit rien changer à la nature de la culture ni aux assolements.

Quand arrive l'époque des moissons, le fermier qui est sorti au mois de mars revient au domaine pour moissonner la récolte par lui ensemencée en automne ou au printemps. Après l'avoir engrangée dans les bâtiments de la ferme, il doit, dans un délai de trois mois au plus, battre les grains sur l'aire, les emporter et laisser toutes les pailles. Il est d'un usage constant que le fermier entrant doit lui donner place au foyer pour préparer ses aliments et ceux de ses ouvriers, et lui prêter sa table.

Les impôts sont tous à la charge du propriétaire; mais il est d'usage que le fermier paie le percepteur, en diminution de son prix de ferme.

10° *Canton de Langeac.* — Le bail à mi-fruits est celui qui est le plus usité dans ce canton; on y rencontre aussi le bail à rente fixe ou à grains sûrs; mais il est moins habituel. La culture par maîtres-valets ne s'y rencontre pas.

Les conventions que nous avons analysées pour le bail à mi-fruits, dans le canton de la Chaise-Dieu, sont celles que l'on adopte dans celui de Langeac.

Voici les seules différences : les baux sont en général de deux, quatre ou six ans. Les instruments d'agriculture sont fournis par le propriétaire; il en est dressé inventaire; le métayer est chargé de les entretenir, et à sa sortie il doit en laisser d'équivalents ou payer la différence. Le métayer sortant peut emporter les pailles et fourrages qui excèdent la quantité qu'il a reçue et qui est constatée dans l'inventaire.

D. Quelles sont les conventions ordinaires pour les baux des vignes ?

11° *Canton de Lavoûte-Chilhac.* — Les baux à rente fixe, soit en argent, soit en denrées, soit partie en argent et partie en denrées, sont presque exclusivement usités dans ce canton; il s'en fait un nombre à peu près égal de chaque espèce.

Le métayage s'y rencontre rarement et tend à disparaître; la culture par maîtres-valets n'y est pas connue.

Les baux commencent le 25 décembre ou le 25 mars pour les terres, et le 11 novembre pour les vignobles.

Leur durée est de trois, six ou neuf ans dans certaines parties, et notamment dans les vignobles, et de quatre, huit et douze ans dans les parties montagneuses, avec faculté réciproque de les résilier, en se prévenant trois mois avant l'expiration de chaque période.

Il est d'usage, pour les baux à rente fixe, que le propriétaire livre au fermier, à son entrée, les semences de la première année, qu'il retire en nature à la fin du bail; il lui avance aussi d'habitude une somme d'argent destinée à acheter une partie des bestiaux; cet argent porte intérêt à son profit, à raison de 5 0/0 pendant la durée du bail.

Dans les baux à métayage, les semences sont fournies moitié par le propriétaire et moitié par le fermier. Le propriétaire avance généralement l'argent nécessaire à l'acquisition des moutons et des bestiaux destinés à l'engrais; dans ce cas et quand le propriétaire a prélevé le prix d'acquisition, la laine et les produits se divisent par moitié entre eux.

Le matériel de l'exploitation est en général la propriété du maître; le métayer doit l'entretenir et en laisser une égale valeur à sa sortie.

Les impôts sont toujours à la charge du propriétaire. Le fermier entrant n'apporte pas de fourrages; il en trouve d'ordinaire une quantité suffisante lorsqu'il prend possession du domaine, et il doit en laisser pareille quantité à sa sortie.

Si les fourrages sont insuffisants pendant la durée du bail, le fermier à rente fixe est tenu de se les procurer ; le colon partiaire les achète de compte à demi avec le propriétaire.

D. Quelles sont les conventions les plus habituelles pour les baux de vignes ?

Formuler un modèle de bail,

12° *Canton de Loudes.* — Le fermage à rente fixe, soit en argent, soit partie en argent et partie en denrées, est presque le seul qui soit usité dans ce canton.

La culture par maîtres-valets n'y est pas connue. Le colonage partiaire y est très-rare.

Les baux commencent le plus ordinairement au 25 mars, quelquefois au 30 septembre ou au 1er novembre ; leur durée ordinaire est de trois ans ; quelquefois de trois, six et neuf années, et toujours avec réserve de les résilier au bout des deux premières périodes, en se prévenant trois mois avant l'expiration de chacune d'elles.

Pour les baux à rente fixe, les semences sont fournies par le fermier ; s'il s'agit du colonage partiaire, elles le sont moitié par le propriétaire et moitié par le fermier.

Les bestiaux destinés au labourage, à l'engrais, les troupeaux de moutons sont presque toujours la propriété du fermier ; il en est de même pour les instruments d'agriculture ; cependant il arrive, par exception, que le propriétaire fournit tout ou partie du matériel de l'exploitation ; le fermier doit l'entretenir et le laisser d'une égale valeur à sa sortie.

L'état du mobilier donné au fermier, celui des terres est constaté par un inventaire. Quant aux fourrages, le plus ordinairement le propriétaire en livre une certaine quantité au fermier lorsqu'il prend possession de la ferme ; à sa sortie, il doit en laisser une quantité pareille ; si les fourrages viennent à manquer pendant le cours du bail, le fermier est tenu de se les procurer.

Le cheptel de fer, tel qu'il est régi par les dispositions des articles 1821 et suivants du Code Napoléon, est usité dans ce canton.

Les impôts sont payés par le propriétaire.

Le fermier entrant prend généralement possession au départ de celui qui l'a précédé ; il n'existe dès lors aucun usage relativement au logement et à la consommation simultanés des fourrages ; cependant, s'il y a des terres en jachère, il est d'usage que le fermier entrant exécute les labours nécessaires avant la sortie de son prédécesseur.

On ajoute souvent au prix du bail quelques redevances, telles que poulets, beurre, raves et pommes de terre ; mais ces dernières sont en petite quantité.

13° *Le Monastier.* — Le fermage à rente fixe, tel que nous venons de l'indiquer pour le canton de Loudes, est le plus usité dans ce canton.

Les baux commencent habituellement au 25 mars ; leur durée, le délai des congés sont les mêmes qu'à Loudes.

Voici les seules différences :

Le fermier est presque toujours propriétaire de tous les bestiaux et du matériel de l'exploitation; il apporte le plus souvent des fourrages; à sa sortie, il peut en emporter une quantité pareille à celle qu'il a apportée; le cheptel de fer y est très-peu connu.

La récolte de la dernière année appartient au fermier sortant; celui qui lui a succédé est tenu de lui fournir le logement et le bois nécessaire à la cuisson des aliments pendant le temps que dure la moisson.

14° *Canton de Monistrol.* — C'est encore le bail à rente fixe qui est exclusivement usité dans ce canton; il commence au 25 mars; sa durée est de six et neuf ans, avec résiliation facultative de part et d'autre à la fin de chaque période, en se prévenant six mois à l'avance.

Le fermier fournit lui-même tous les bestiaux, tous les outils aratoires, les semences, les fourrages. A sa sortie il peut emporter tous les fourrages autres que la paille, pourvu qu'il ait nourri dans le domaine les bestiaux nécessaires à l'exploitation.

La récolte d'hiver de la dernière année du bail est la propriété du fermier sortant; le fermier entrant, à qui appartient la paille, est tenu de conduire cette récolte avec ses attelages dans la grange du domaine.

Le cheptel de fer n'est pas connu dans ce canton; les impôts y sont toujours payés par le propriétaire.

Il est d'usage que le bail comprenne des chapons et une certaine quantité de beurre.

15° *Canton de Montfaucon.* — Ce que nous venons de dire pour le canton de Monistrol s'applique à celui de Montfaucon.

16° *Canton de Paulhaguet.* — Les baux à rente fixe, soit en argent, soit partie en argent, partie en denrées, sont les plus usités dans ce canton.

Ils commencent au 25 décembre; leur durée est de trois, six ou neuf ans, avec faculté de résilier au bout de chaque période, en se prévenant six mois à l'avance.

Lorsque le fermier prend possession du domaine, il est fait un état des lieux, des terres ensemencées ou labourées, des fourrages qui existaient dans la grange; il doit laisser le tout en pareil état à sa sortie. Le fermier ne fournit guère que son travail et son industrie.

Les bestiaux, les troupeaux, les instruments aratoires sont la propriété du propriétaire; il fournit au fermier les semences de printemps, et à sa sortie ce dernier est tenu de laisser des bestiaux de même valeur, une égale quantité de semences et des instruments aratoires pareils à ceux qu'il a reçus. Le tout est estimé par des arbitres.

Indépendamment du prix du bail, il est d'usage que le fermier fournisse au propriétaire des poulets, du beurre, quelquefois des raves et des pommes de terre.

Le fermier sortant peut emporter tous les fourrages et bestiaux qui excèdent la quantité ou valeur de ceux qu'il a reçus en entrant.

Les impôts sont toujours payés par le propriétaire. Il est encore d'usage que les bestiaux destinés à l'engrais, tels que vaches, bœufs ou moutons, sont achetés par le propriétaire pendant le cours du bail; il en est remboursé lors de la vente, et la plus-value se divise par moitié. Il n'y a pas d'obligations particulières imposées aux fermiers, l'un vis-à-vis de l'autre, pour l'entrée et la sortie.

17° *Cantons du Puy.* — Ce que nous avons dit du bail à rente fixe pour le canton de Loudes s'applique aux deux cantons du Puy, où ce mode de bail est le plus usité.

Voici les seules différences : les baux commencent plus habituellement au 25 septembre qu'au 25 mars ; leur durée est la même, mais le congé doit être donné six mois avant la fin de chaque période.

Le cheptel de fer est peu usité dans les deux cantons du Puy.

18° *Canton de Pinols.* — Le bail à rente fixe, partie en argent, partie en denrées, est le seul en usage dans ce canton ; on n'y connaît ni le bail à colonage, ni la culture par maîtres-valets.

Il commence au 25 mars ; sa durée est de quatre, six ou huit ans, avec faculté de le résilier à la fin de chaque période, en se prévenant trois mois à l'avance.

A la prise de possession, il est dressé un état des terres ensemencées et des terres préparées ; il est fait un inventaire des fourrages qui sont dans le domaine ; à sa sortie, le fermier doit laisser le tout dans l'état où il l'a trouvé.

Le propriétaire fournit toujours au fermier un cheptel de bestiaux ; mais les instruments d'agriculture sont la propriété du fermier ; c'est ce dernier qui fournit les semences de mars.

Il n'est pas d'usage de comprendre dans le bail des poulets, dindons, œufs, raves ou pommes de terre.

A moins de conventions contraires, les impôts sont payés par le propriétaire.

Le fermier entrant n'a aucun rapport avec le fermier sortant, qui abandonne les lieux tels qu'il les a trouvés.

19° *Canton de Pradelles* — Le bail à rente fixe, tel que nous venons de l'indiquer pour le canton de Pinols, est le plus usité dans le canton de Pradelles.

Voici les seules différences :

Le bail n'est fait que pour trois ou six ans ; au lieu de donner des bestiaux à cheptel, le propriétaire en fournit à son fermier une certaine quantité qui est estimée et qui devient la propriété de ce dernier ; il lui donne aussi une certaine quantité de grains ; quand vient la fin du bail, le fermier est obligé de rendre le prix d'estimation des bestiaux et la quantité de grains qui lui a été livrée.

On comprend quelquefois dans le bail des poulets, du beurre, du fromage.

20° *Canton de Saugues.* — Dans le canton de Saugues le prix des baux est fixé en argent pour les fourrages ; les récoltes se partagent à moitié.

Les baux commencent et finissent au 25 mars ; leur durée est de deux, quatre et six années ; les congés doivent être donnés trois mois avant la fin de chaque période. Le fermier reçoit ordinairement du propriétaire un cheptel en bestiaux qu'il doit laisser tel qu'il l'a reçu. Le croît lui appartient exclusivement ; il en est de même du matériel de l'exploitation.

L'usage qui existait de comprendre dans le prix du bail des poulets, du beurre, du fromage, tend à disparaître aujourd'hui.

Les impôts sont toujours payés par le propriétaire.

21° *Canton de Solignac.* — Le fermage à rente fixe, soit en argent, soit en denrées, soit partie en argent, partie en denrées, est celui qui est le plus usité dans ce canton. On y rencontre aussi le colonage partiaire ou le métayage ; mais il est moins habituel et n'existe pas du tout dans les communes de Bains et du Brignon. La culture par maîtres-valets n'y est point connue.

Tous les baux commencent, en général, au 25 mars et finissent à la même époque ; leur durée ordinaire est de 4 et 8 ans, avec faculté réciproque de les résilier, en se prévenant trois mois avant la fin de chaque période.

Les impositions de toute nature sont presque toujours payées par le propriétaire.

Pour ne parler que du bail à rente fixe, voici quels sont ses éléments :

Les semences sont fournies par le fermier ; c'est à lui qu'appartiennent les bestiaux de toute nature garnissant la ferme ; il se pourvoit lui-même des instruments d'agriculture ; mais il arrive aussi que pour procurer au fermier le matériel de l'exploitation, le propriétaire lui avance une somme d'argent, quelquefois même des bestiaux évalués en argent qui lui sont restitués à la fin du bail.

Aucun autre rapport n'existe entre le propriétaire et le fermier quant à l'exploitation ; c'est le fermier qui achète les bestiaux pour le nourrissage et l'engrais ; c'est lui qui se procure les pailles et fourrages qui peuvent manquer pendant la durée du bail.

Au moment de la prise de possession, il est d'usage de mesurer la surface ensemencée en grains de toute nature, pour qu'à la fin du bail, le fermier laisse la même étendue de semences, et même assolement.

Il est fait aussi un inventaire des pailles et fourrages qui sont dans les bâtiments du domaine ; le fermier doit en laisser une pareille quantité à sa sortie ; s'il y a un excédant, il peut l'emporter, à moins que le propriétaire n'use du droit qui lui est conféré par l'article 1778.

La récolte qui a été semée par le fermier sortant, c'est-à-dire les blés d'hiver, est la propriété de ce fermier ; elle est levée et battue en sa présence par le fermier entrant, qui profite des pailles de cette récolte.

Parmi les facilités, prévues par l'article 1777 du Code Napoléon, que le nouveau fermier doit procurer à celui qui l'a précédé, il est d'usage qu'il doit tolérer chez lui la présence de ce dernier, pour qu'il puisse surveiller le battage des récoltes d'hiver et de mars, qui sont presque toujours ensemencées par le fermier sortant.

D. M. le Juge de paix est prié de faire connaître en quoi consiste l'opération appelée *dîme.* ; quel est son but ?

22° *Canton de St-Didier-la-Séauve* — Le bail en argent est le seul usité dans ce canton ; il commence au 25 mars ; sa durée ordinaire est de six ans et neuf ans ; les congés doivent être signifiés six mois avant l'expiration de la première période.

Le fermier est propriétaire de tout le matériel de l'exploitation ; il fournit tous les bestiaux, toutes les semences et profite de tous les produits.

L'impôt est toujours payé par le propriétaire.

Il arrive souvent, dans ce canton, que le fermier avance au bailleur la première annuité du prix du bail, imputable sur la dernière année, et que cette annuité produit intérêt à son profit.

23° *Canton de St-Julien-Chapteuil*. — Les baux les plus usités dans ce canton, sont les baux à rente fixe, soit en argent, soit partie en argent, partie en denrées; ils commencent d'ordinaire au 25 mars; leur durée est de 3, 4 et 6 ans; les congés doivent être signifiés trois mois à l'avance.

Les bestiaux, instruments aratoires appartiennent au fermier; c'est lui qui fournit les semences, il est rare que le prix du bail comprenne des fournitures en beurre, œufs et poulets. Quelquefois le propriétaire fournit des bestiaux au fermier; mais le plus souvent ce dernier en devient propriétaire; il n'est tenu que d'en payer la valeur à la fin du bail.

Le fermier qui a quitté le domaine au 25 mars, vient ensuite moissonner la récolte qu'il a laissée ensemencée; celui qui est entré, doit lui laisser engranger et dépiquer cette récolte dans les bâtiments du domaine.

24° *Canton de Saint-Paulien*. — L'usage le plus général, dans le canton de Saint-Paulien, est d'affermer les prairies en argent et les champs à grain sûr.

Le bail commence ordinairement au 25 mars et finit à la même époque; sa durée est de 6 à 9 ans, avec faculté de le résilier après la première période, en se donnant congé au mois de septembre au plus tard.

Le propriétaire fournit les semences d'hiver, le fermier fournit celles du printemps. Ce dernier garnit lui-même le domaine, des bestiaux, troupeaux, instruments aratoires nécessaires à son exploitation; il arrive quelquefois que le propriétaire lui fait l'avance d'une somme d'argent qu'il emploie à ces diverses acquisitions; il s'oblige alors à la rendre à la fin du bail et à en servir l'intérêt à raison de cinq pour cent, pendant sa durée.

Le fermier doit laisser, à sa sortie, une quantité de fourrages pareille à celle qu'il a trouvée dans le domaine à son entrée; s'il y a excédant, il peut emporter le surplus.

Le fermier profite seul de tous les produits du domaine, du croît des bestiaux; mais il supporte aussi toutes les pertes.

Le prix du bail comprend ordinairement quelques redevances en beurre, œufs et poulets.

Le propriétaire est seul chargé de tous les impôts.

25° *Canton de Tence*. — Les rapports entre le propriétaire et son fermier sont presque toujours fixés de la manière suivante dans ce canton:

Les baux partent du 25 mars et finissent à pareille époque; leur durée ordinaire est de 6 ans.

A l'entrée du fermier, il est fait un état des lieux, et un inventaire des fourrages existant dans le domaine; à sa sortie, il doit laisser les terres dans le même état de culture et les bâtiments pourvus des mêmes fourrages.

Le fermier est propriétaire de tous les bestiaux et de tout le matériel; il profite de tous les produits et n'est astreint qu'à payer le prix de ferme, qui est presque toujours d'une somme d'argent pour les prairies et d'un tiers des grains de toute nature.

Le propriétaire ne prend ni raves, ni pommes de terre; il est assez d'usage qu'on lui fournisse des chapons, du beurre, du fromage.

Les impôts sont toujours payés par le propriétaire; le nouveau fermier doit souffrir la présence de l'ancien fermier, jusqu'à ce que la récolte ait été entièrement dépiquée, et ce dernier peut emporter les pailles qui excèdent la quantité qu'il a trouvée en entrant.

26° *Canton de Vorey.* — Le fermage à rente fixe, soit en argent, soit partie en argent et partie en denrées, est le plus usité dans ce canton.

Les baux sont consentis pour 3 et 6 ans, avec faculté de les résilier en se prévenant 3 mois avant l'expiration de la première période.

La prise de possession a lieu le 25 mars, pour les bâtiments, les prairies, pour les terres à ensemencer au printemps; et après la levée de la récolte, pour les terres qui doivent l'être en automne.

Le propriétaire fournit ordinairement les semences, et le fermier doit en laisser une pareille quantité à celui qui lui succède.

Les bestiaux et le matériel d'exploitation sont, le plus habituellement, la propriété du fermier; quelquefois, le propriétaire les fournit en tout ou en partie; dans ce cas, le fermier doit en restituer, de pareille valeur, à sa sortie; mais il profite toujours exclusivement de tous les produits, et il est d'un usage constant que le fermier fournisse des poulets, du beurre, du fromage; la quantité peut en être fixée, pour un bail de 1,000 francs annuellement, à 10 poulets et 25 kilos, moitié beurre moitié fromage.

Le fermier qui est sorti au mois de mars, devant lever la récolte des blés d'automne, est en droit d'exiger du nouveau fermier les logements et autres facilités nécessaires à son engrangement et à son dépiquage.

27° *Canton d'Yssingeaux.* — Presque tous les domaines de ce canton sont affermés à prix d'argent; les baux commencent au 25 mars et finissent à la même époque; leur durée est de 3, 6 ans et 9 ans, avec faculté de les résilier à chaque période, en se prévenant 6 mois à l'avance.

Les bestiaux, troupeaux, instruments d'agriculture, les semences sont fournis par le fermier entrant, qui doit laisser les lieux et terres dans l'état où il les a trouvés.

Le propriétaire paie tous les impôts. L'usage qui consistait à fournir des poulets, du beurre et du fromage, en sus du prix du bail, tend tous les jours à disparaître.

Le fermier sortant vide complètement les lieux lors de l'entrée de son successeur; il n'existe, dès lors, aucun rapport entre eux pour leur cohabitation et la culture.

Tacite réconduction

Lorsque, à l'expiration d'un bail, le preneur est laissé en possession par le bailleur, la loi suppose que les deux parties ont eu l'intention de continuer la location, et il se forme entre elles un nouvel engagement par tacite réconduction.

Mais il peut arriver que l'intention des parties ne soit pas manifeste; que le preneur fournisse quelque temps au-delà du terme du bail, sans avoir l'intention de le renouveler; que le bailleur le laisse occuper, un certain temps, les lieux loués, sans qu'il entende consentir à un nouveau bail ; et que, dans ce conflit de prétentions contraires, il soit nécessaire de rechercher dans les faits la preuve de la manifestation de leurs volontés.

Bien que la loi ne renvoie pas, en ce point, aux usages, et qu'elle ne les impose pas aux juges, comme une règle dont ils ne puissent se départir, il est cependant habituel que la jouissance, pendant un certain délai après l'expiration du bail, l'accomplissement de certains faits établissent la présomption la plus forte qu'il y a eu concours tacite de volontés entre le preneur et le bailleur.

Nous avons donc à rechercher quels sont les faits qui peuvent faire présumer qu'il y a tacite réconduction.

Nous adressons donc, sur chacun des points ci-après, la double question suivante :

D. Quel est le temps de jouissance, couru après l'expiration du bail, qui est de nature à faire présumer qu'il y a tacite réconduction ?

D. Quels sont les faits de réparations, de culture, de pacage, etc., qui peuvent baser la même présomption ?

1° Pour un domaine entier ?

2° Pour un champ seul ?

3° Pour une prairie ?

4° Pour un bois ?

5° Pour une vigne ?

6° Pour une maison ou partie de maison ?

Surface exploitée à l'aide d'une paire de vaches ou de bœufs

La transformation que subirait une grande partie du sol du département de la Haute-Loire, sous l'influence de bonnes institutions agricoles et les changements qu'elles amèneraient dans le nombre des animaux employés à la culture des terres, nous a conduit à rechercher, quel est actuellement le nombre de têtes de bêtes à cornes, qui est employé dans une exploitation agricole, composée de terres arables, de prairies, de pâtures ou de guérêts, sans tenir compte ni du travail des chevaux, qui ne sont nulle part employés d'une manière sérieuse au labourage, ni des troupeaux de moutons, dont les fumiers sont utilisés, ni des porcs, ni des mules.

Voici les données, aussi exactes qu'il est permis de les espérer, sur un point, où la diversité des terrains et les conditions variables dans lesquelles ils se trouvent, exercent une très-grande influence ; elles peuvent être utiles pour résoudre certaines difficultés que peut présenter l'exécution des baux.

Allègre. — On emploie, en général, 1 paire de bœufs et 8 vaches pour une exploitation de 15 à 20 hectares.

Auzon. — Idem.

Bas. — Le propriétaire de 1 paire de vaches possède, d'ordinaire, une exploitation de 5 hectares.

Dans les exploitations de 40 à 45 hectares, on y emploie, en général, 8 ou 10 vaches et 1 paire de bœufs.

Blesle. — 1 paire de vaches suffit à la culture d'un petit domaine de 7 hectares. Pour cultiver convenablement un domaine de 10 hectares, on emploie, en général, 1 paire de bœufs et 4 vaches.

Brioude. — 1 paire de bœufs ou de vaches suffit, en général, pour cultiver 20 hectares de terres à mi-côte, tandis que, dans les bons terrains, elle n'exploite guère que 10 hectares.

Cayres. — 1 paire de vaches exploite 12 hectares; un domaine qui possède 1 paire de bœufs et 6 vaches est d'une étendue de 20 à 22 hectares.

Craponne. — 2 vaches exploitent en moyenne 4 hectares; pour cultiver un domaine de 30 à 40 hectares, on emploie, en général, 1 paire de bœufs et 8 vaches.

Chaise Dieu (la). — L'étendue d'un domaine cultivé par 1 paire de vaches est, en moyenne, de 20 hectares; s'il en a 30, on emploie, en général, 1 paire de bœufs et 6 vaches.

Fay-le-Froid. — Les cultivateurs de ce canton se livrent presque exclusivement à l'élevage des bestiaux; la culture des céréales n'étant qu'accessoire, il est difficile de déterminer quel est le rapport qui existe entre une surface cultivée et les bestiaux employés à sa culture.

Langeac. — La variété des terrains rend l'appréciation fort difficile dans ce canton; on peut cependant dire, en moyenne, que chaque paire de vaches fait valoir une exploitation de 15 hectares, et 1 paire de bœufs et 4 vaches une exploitation de 20 hectares.

Lavoûte-Chilhac. — Celui qui possède 1 paire de vaches est propriétaire, en moyenne, d'un domaine de 10 à 15 hectares; celui qui occupe 1 paire de bœufs et 4 vaches, l'est d'un domaine de 15 à 20 hectares.

Loudes. — L'étendue d'un domaine exploité par 1 paire de vaches est de 7 hectares; par 1 paire de bœufs et 6 vaches, de 18 hectares.

Monastier (le). — 2 vaches font valoir 10 hectares; 2 bœufs et 4 vaches, 20 hectares.

Monistrol... | *Montfaucon.*) 1 paire de bœufs n'est employée, dans ces 2 cantons, que pour les domaines au-dessus de 20 hectares, qui comptent déjà 6 ou 8 vaches; au-dessous de cette étendue, on n'emploie guère que des vaches; chaque paire de vaches cultive 4 à 5 hectares.

Paulhaguet. (*Pradelles...*) L'étendue cultivée à l'aide de 1 paire de vaches ou dbœufs varie tellement dans ces 2 cantons, suivant la nature e la qualité des terrains, qu'on ne peut rien préciser.

Pinols. — 1 paire de vaches cultive, en général, un domaine de 15 hectares; 1 paire de bœufs et 4 vaches, un domaine de 25 hectares.

Le Puy. — Dans les 2 cantons du Puy, on emploie, en général, à la culture des terres, 1 paire de vaches par 5 hectares, et 1 paire de bœufs par 7 hectares.

Saugues. — Le travail de 1 paire de bœufs fait valoir un domaine qui contient de 10 à 15 hectares de terres labourables ou de prairies; 1 paire de vaches peut faire valoir une surface inférieure à 10 hectares.

Saint-Didier. — Chaque paire de vaches cultive environ une exploitation de 5 hectares; 1 paire de bœufs et 6 vaches sont nécessaires dans une exploitation de 15 hectares.

Saint-Julien-Chapteuil. — On compte, en général, 1 paire de bœufs ou de vaches par exploitation de 10 à 15 hectares.

Saint-Paulien. — Les exploitations de 6 hectares et au-dessous ne sont cultivées qu'à l'aide d'une paire de vaches ; pour une exploitation de 30 hectares on emploie, en général, 1 paire de bœufs et plusieurs vaches.

Solignac. — L'étendue d'une exploitation dans ce canton est de 10 hectares pour 1 paire de vaches ; de 18 à 20 hectares pour 1 paire de bœufs et 4 vaches.

Tence......
Yssingeaux. } Les bœufs ne sont pas employés, dans ces deux cantons, à la culture des terres ; on cultive, en général, 3 hectares par paire de vaches.

Vorey. — A l'aide d'une paire de vaches, on cultive, en général, une ferme de 5 hectares ; avec 1 paire de bœufs et 4 vaches on en exploite une de 10 hectares.

Chanvre. — Lin. — Colza. — Sarclage des blés

Les modifications que les progrès de l'industrie et de l'agriculture peuvent produire dans la culture de certaines céréales, telles que le chanvre, le lin, le colza; l'emploi plus général que l'on peut espérer de mesures administratives, pour développer le sarclage des blés et encourager l'emploi d'un bon outillage agricole, nous ont conduit à constater les faits suivants :

CHANVRE. — LIN. — COLZA. — Dans les cantons de *la Chaise-Dieu*, *Fay*, *Montfaucon*, *Pinols*, *Pradelles*, *le Puy*, *Solignac*, *Tence*, *Vorey*, on ne cultive ni chanvre, ni lin, ni colza.

A *Craponne*, *le Monastier*, *Monistrol*, *Saint-Julien*, on cultive du colza en très-petite quantité; il n'y a ni chanvre, ni lin.

Saugues ne produit ni lin, ni colza; on y trouve du chanvre, mais en très-petite quantité.

La culture du lin n'est pas connue dans les cantons d'*Allègre*, *Loudes*, *Paulhaguet*, *Saint-Didier*, et c'est exceptionnellement et en très-petite quantité qu'on y cultive le chanvre et le colza.

A *Bas*, *Langeac*, *Yssingeaux*, on ne cultive pas du lin; le chanvre s'y trouve en petite quantité, mais on y cultive assez de colza.

Blesle ne produit pas de lin, mais on y cultive du chanvre et du colza; il en est de même dans le canton de *Brioude*, où le chanvre est un produit important.

A *Lavoûte-Chilhac*, la culture du lin et du colza n'est pas connue, mais on y récolte du chanvre.

A *Auzon* et *Saint-Paulien*, on cultive du chanvre, du lin et du colza, mais en très-petite quantité.

SARCLAGE DES BLÉS. — On ne sarcle aucuns blés dans les cantons de *Craponne*, *Fay-le-Froid*, *le Monastier*, *Montfaucon*, *Pinols*, *Pradelles*, *Saugues*, *Saint-Julien*, *Tence*, *Yssingeaux*.

Au contraire, tous les blés sont sarclés dans les cantons de *Brioude*, *Langeac*, *Paulhaguet*, *Vorey*.

On est dans l'usage de ne jamais sarcler les blés d'hiver et de sarcler avec soin ceux du printemps dans les cantons d'*Allègre*, *Auzon*, *Blesle*, *la Chaise-Dieu*, *Saint-Paulien*, *Solignac*.

A *Bas, Loudes, Lavoûte-Chilhac, Monistrol, Saint-Didier*, on ne sarcle que les froments; au *Puy*, les froments et les méteils.

Dans tous les cantons, les ouvriers employés au sarclage sont payés par le fermier.

ÉPOQUE ORDINAIRE DE LA MATURITÉ DES FRUITS

Des motifs d'ordre public, que nous n'avons pas à examiner ici, ont déterminé le législateur à ne permettre la saisie des récoltes ou des produits de la terre qui ne sont pas encore détachés du sol, qu'à une époque voisine de leur maturité; sous l'ancien droit cette époque était déterminée par les usages locaux ; aujourd'hui elle est fixée par le Code à six semaines avant cette maturité.

Or, comme les produits de la terre mûrissent d'une manière très-irrégulière, suivant les espèces, les variétés, les sols et les climats, que des difficultés naissent chaque jour sur ce point, il nous paraît utile de constater quelle est l'époque ordinaire de la maturité des produits les plus répandus sur la surface de ce département. Ce renseignement statistique peut avoir son importance pour la confection du Code rural.

D. A quelle époque moyenne, depuis dix ans, ont mûri dans le canton de

Les froments.
Les seigles.
Les orges.
Les avoines.
Les foins.
Les luzernes.
Le trèfle.
Les vignes.
Les lentilles.
Les pois.
Les fèves.
Les pommes de terre.
Les chanvres.
Le lin.
Le colza.

GLANAGE. — RATELAGE. — GRAPPILLAGE

En faisant un nouveau Code rural, devra-t-on maintenir dans la législation les dispositions qui nous régissent aujourd'hui en cette matière ?

Ne considérera-t-on pas comme des besoins surannés et sans aucune utilité, à notre époque, le droit que la vieille législation française avait consacré, en faveur des gens *vicls ou débilités de membres*, aux petits enfants ou autres personnes qui n'ont *ni pouvoir ni force de foyer*, de ramasser dans les champs les épis échappés aux moissonneurs, de s'approprier avec le râteau, dans les prairies, les brins d'herbes négligés par les travailleurs, et de cueillir dans les vignes les grappes de raisins laissées après la vendange.

De nos jours, où le temps est le capital le plus précieux, où l'activité toujours croissante du cultivateur retire du sol morcelé des produits si riches et si variés, sera-t-il profitable, même pour les pauvres, les étrangers, les veuves et les orphelins, dans l'intérêt desquels le deutéronome l'avait prescrite, de conserver cette restriction du droit de propriété écrit dans la loi de 1791 : que dans les pays où le glanage est consacré par l'usage, le propriétaire lui-même ne peut, encore aujourd'hui, sans s'exposer à des peines de police, mener son troupeau dans ses champs moissonnés et ouverts que deux jours après la récolte entière ?

Nous ne le croyons pas et nous espérons que lorsque la mendicité disparaît de nos campagnes, quand la vieillesse et l'infirmité sont secourues sous tant de formes; que le travail afflue de tous côtés pour ceux qui en manquaient, nos législateurs penseront que les pauvres sont plus intéressés que tous autres à la richesse générale et qu'ils effaceront jusqu'aux derniers vestiges de ces bandes paresseuses et vagabondes qui, sous le fallacieux prétexte de l'exercice du droit à la charité, fouillaient les javelles, éventraient les feniers, dévastaient les vignes et provoquaient, de la part de nos Cours de justice, des arrêts qui les frappaient du carcan, de la marque ou du bannissement.

Voici, au surplus, quels sont les usages sur ce point, dans la Haute-Loire :

Allègre. — La Chaise-Dieu. — Saugues. — Il est d'usage de glaner, dans ces cantons, dès que les gerbes sont levées et mises en meules, et de râteler dès que le foin est rentré. Dans le canton de Saugues ; ce dernier usage n'est connu qu'à Saugues même.

Il n'y a pas de vignes dans ces cantons.

Auzon. — Le glanage ne s'y pratique presque plus ; on n'y connaît ni le râtelage ni le grappillage.

Craponne. — Le Monastier. — Montfaucon. — Pradelles. — Saint-Paulien. — Vorey. — Il n'est pas d'usage dans ces cantons de glaner ou de râteler ; il n'y a de vignes que dans les cantons de *Vorey* et de *Saint-Paulien* ; le grappillage y est interdit.

Bas. — Blesle. — Langeac. — Lavoûte-Chilhac. — Paulhaguet. — Pinols. — Il n'y a guère que les enfants et les pauvres qui glanent râtellent et grappillent dans ces cantons ; ces usages ne s'exercent qu'après la confection des meules, l'enlèvement des foins et la rentrée des vendanges.

Brioude. — Aussitôt que le blé est en meules et que le foin est enlevé des prairies, il est permis de glaner et de râteler ; il n'existe sur ce point, aucune réglementation.

Le grappillage est en usage ; mais il est réglementé.

Quelle réglementation ?

Cayres. — Saint-Julien. — Fay-le-Froid. — Le glanage est usité dans ces cantons dès que les gerbes sont en meules ; on n'y connaît pas le râtelage ; il n'y a pas de vignes.

Loudes. — Monistrol. — Le glanage est usité dans ces deux cantons ; il a lieu dès que les gerbes sont liées ; on n'y pratique ni le râtelage ni le grappillage.

Le Puy. — Solignac. — Saint-Didier. — Les glaneurs peuvent entrer dans les champs dès que les meules sont faites ; le râtelage n'est par permis ; le grappillage est toléré dans les vignes non closes.

Tence. — Yssingeaux. — Le glanage a lieu dans ces cantons dès que les gerbes sont liées ; le râtelage, dès que le foin est enlevé des prairies ; il n'y a pas de vignes.

ABEILLES

Nous n'avons à nous occuper des abeilles qu'au point de vue de la propriété des essaims qui s'en échappent.

La loi de 1791 porte que le propriétaire d'un essaim a le droit de le réclamer et de le ressaisir, tant qu'il n'a pas cessé de le suivre ; ce principe, dont l'application ne soulève aucune difficulté, nous paraît devoir être maintenu dans un nouveau Code rural.

Mais la même loi ajoute : que si l'on perd la suite d'un essaim, il appartient au propriétaire du terrain sur lequel il se fixe, et cette disposition, qui paraît attribuer la propriété de l'essaim au maître du sol sur lequel il s'abat, par cela seul qu'il est propriétaire, a soulevé une controverse à laquelle il est désirable que la loi mette fin. Les uns ont dit : les abeilles qui ne sont pas suivies par celui de la ruche duquel elles s'échappent, deviennent des animaux sauvages qui appartiennent au premier occupant ; or le propriétaire du sol où elles se fixent n'en est pas plus saisi qu'il ne l'est des oiseaux ou du gibier qui s'y arrêtent ; la loi se borne à présumer qu'il est le premier occupant ; mais cette présomption peut être détruite par un fait positif ; aussi n'hésitent-ils pas à dire que toute personne peut s'approprier un essaim sur le terrain d'autrui, si le propriétaire ne l'a déjà appréhendé. D'autres voient au contraire, dans la loi de 1791, une disposition attributive de propriété, indépendante de l'appréhension, un droit complet d'accession.

Bien que nous nous rangions à la première des opinions, qui nous paraît la seule logique dans l'état actuel de notre législation, nous pensons, qu'il serait désirable qu'une loi nouvelle disposât que l'essaim qui n'est pas suivi, devient, d'une manière absolue, la propriété du maître du sol sur lequel il s'est abattu, tant qu'il y reste fixé alors même qu'il ne l'a pas appréhendé ; ce serait un moyen de mettre fin à bien des difficultés qui dégénèrent en collisions.

PIGEONS

Depuis que les droits de fuie et de colombier ont été abolis, chacun peut avoir un colombier, le bâtir à son gré, dans la forme qui lui convient, et y élever le nombre de pigeons qu'il lui plaît.

Aucune disposition législative n'apporte de restriction à cette formalité, ne la subordonne à la possession ou à la propriété d'une certaine étendue du sol, et la liberté absolue sur ce point a tellement pris racine dans la Haute-Loire, que nous n'hésitons pas à dire, qu'on ne saurait, sans froisser des habitudes que l'on y considère comme un droit, décréter dans un nouveau Code rural, comme le pensent encore de bons esprits, que le propriétaire d'un certain nombre d'arpents de terres labourables peut seul avoir un colombier.

Le Code Napoléon ne s'est occupé des pigeons qu'en traitant du droit d'accession aux choses immobilières, pour en attribuer la propriété au maître du colombier, pourvu qu'ils n'y aient pas été attirés par fraude ou par artifice, et c'est encore dans le décret du 4 août 1789 que l'on trouve la base d'une réglementation en cette matière ; les pigeons doivent être enfermés aux époques fixées par les communautés ; durant ce temps ils sont considérés comme gibier, et chacun a le droit de les tuer sur son terrain.

Si nous avions un avis à émettre sur les questions controversées que fait naître le laconisme du décret de 1789, nous dirions :

Que nul n'a le droit à aucune époque, de tuer les pigeons d'autrui sur un terrain qui n'est pas à lui.

Qu'aux époques où les pigeons doivent être enfermés, il y a présomption qu'ils sont nuisibles, et qu'étant d'ailleurs considérés comme gibier, chacun peut les tuer et se les approprier, pourvu qu'il les tue sur son terrain.

Que, pendant le temps où les colombiers peuvent être ouverts, il y a présomption que les pigeons sont inoffensifs, et que celui qui les tue sur son terrain, par suite du droit incontestable qu'il a de protéger ses semences ou ses graines, est tenu de prouver qu'ils lui occasionnaient un dommage.

Ces solutions, que nous croyons conformes au droit, pourraient être converties en principes, dans un Code rural.

Comme on le voit, c'est à l'administration municipale de chaque commune qu'il appartient de prendre des arrêtés pour déterminer le temps pendant lequel les colombiers doivent être fermés ; mais, à défaut d'arrêtés, l'usage y a quelquefois pourvu.

Nous posons donc les questions suivantes :

1º Dans votre canton les maires sont-ils dans l'usage de prendre des arrêtés pour la fermeture des colombiers ?

2º Quelle est l'époque fixée par ces arrêtés ?

3º A défaut d'arrêtés l'usage y supplée-t-il ?

4º De quelle époque à quelle époque, est-il dans l'usage de fermer les colombiers ;

BANS

De vendanges, de moissons, de fauchaisons.

Les lois romaines veillaient à ce qu'il y eût de l'ordre dans le mode de récolter le blé et le vin, afin de n'en pas compromettre les fruits; elles prescrivaient aux gouverneurs des provinces d'indiquer l'ouverture des moissons et des vendanges, suivant l'usage des lieux ; ainsi se réglementait l'impatience des propriétaires qui pouvait compromettre la maturité ; ainsi l'on empêchait qu'une récolte morcelée et partiellement effectuée, en l'absence des propriétaires contigus, ne devînt une occasion de perte pour ces derniers.

Nos coutumes avaient, pour la plupart, adopté des règlements analogues et, poussant le soin plus loin, elles ne fixaient pas seulement l'époque des vendanges, des moissons ou des fauchaisons, mais elle astreignaient encore à ne pas vendanger, faucher ou moissonner pendant la nuit, à ne pas commencer avant le lever du soleil et à interrompre le travail au soleil couchant.

Le décret du 6 octobre 1791, qui régit encore cette matière aujourd'hui, en permettant à chaque propriétaire de faire sa récolte, de quelque nature qu'elle soit, au moment qui lui convient pourvu

qu'il ne cause aucun dommage aux propriétés voisines, a formelle-
lement maintenu les bans de vendanges, pour les propriétés non
closes, dans les pays où ils sont en usage ; et un décret postérieur,
du 14 germinal an VI, a consacré dans les mêmes lieux, la légalité
des bans de fauchaisons et de moissons.

Les bans de fauchaisons et de moissons sont complètement
tombés en désuétude dans la Haute-Loire, comme dans la plupart
des autres parties de la France ; et il serait bon d'effacer de nos
Codes, par une loi expresse, des prescriptions qui ne sont plus
utiles et qui sont sans rapport avec les progrès de l'agriculture ;
nos économistes ne prennent pas au sérieux aujourd'hui l'influence
que peut avoir sur l'alimentation publique, la précipitation de
quelques rares cultivateurs, à ameublir des récoltes qui ne sont
pas encore mûres, et nos agronomes ne croient plus au danger que
signalaient leurs prédécesseurs, de dépouiller les prairies avant que
le grain de froment soit bien noué.

Les bans de vendanges sont encore exécutés dans la Haute-Loire
et nous allons préciser les usages sur ce point ; mais serait-il à
propos de les maintenir dans un nouveau Code rural ? Nous ne le
pensons pas ; nous croyons que la liberté de vendanger quand le
propriétaire le juge convenable, est un moyen d'accroître les progrès que la viticulture a faits depuis quelques années ; que la nécessité où l'on se trouve aujourd'hui d'attendre une époque
générale et déterminée par la masse, pour enlever sa récolte, est
une entrave pour ceux qui veulent, au moyen d'une culture et d'une
taille intelligente, accélérer la maturité du raisin, modifier leurs
cépages et faire des essais profitables à tous.

D. Est-on dans l'usage, dans le canton de
de faire publier un ban de vendanges ?

C'est au maire, remplaçant le Conseil municipale de la commune,
qu'il appartient de fixer l'ouverture des vendanges ; il est complètement affranchi de l'obligation qu'imposaient certaines coutumes,
de se concerter avec des bourgeois ou des laboureurs et des vigne-
rons, et il ne doit compte qu'à lui-même des motifs de sa détermi-
nation ; il serait utile cependant, à raison de l'importance des
produits de la vigne, que l'on prît des moyens pour l'éclairer.

Si l'on persiste à maintenir dans nos lois les bans de vendange,
ne serait-il pas sage, à raison de la diversité des vignobles, de
leur variété, de la difficulté, de la différence de leur maturité dans
une même commune, que le Conseil municipal fût appelé à choisir
dans son sein les membres les plus propres à diriger le maire et
qui, de concert avec lui, détermineraient pour chaque vignoble,
l'époque où la vendange aurait lieu.

D. Quels sont dans le canton de   les
moyens à l'aide desquels le maire se fixe lui-même sur l'époque
où il doit ouvrir les vendanges ?

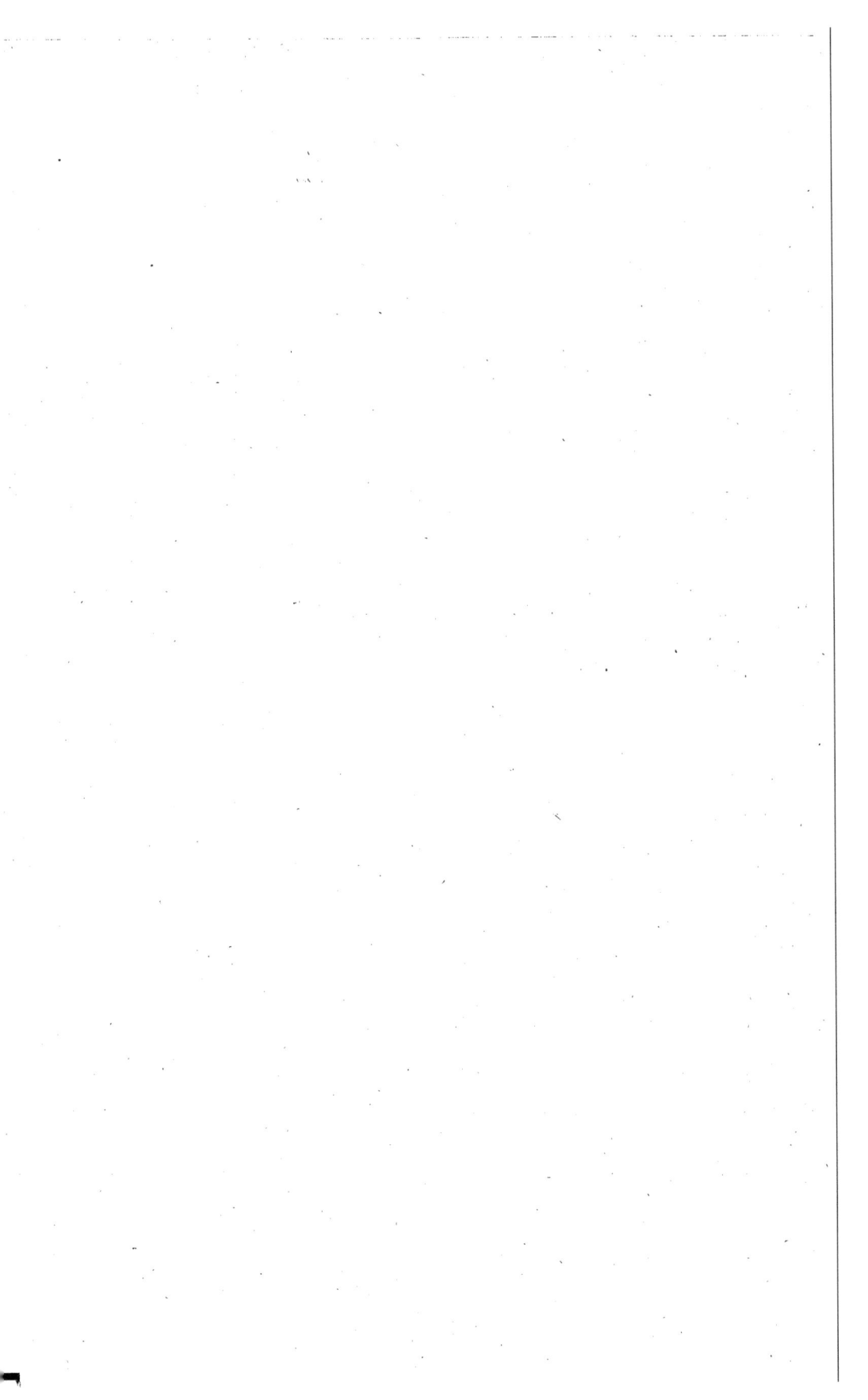

www.ingramcontent.com/pod-product-compliance
Lightning Source LLC
Chambersburg PA
CBHW070942280326
41934CB00009B/1985